心一堂術數古籍珍本叢刊

書名：性相論
系列：心一堂術數古籍珍本叢刊　第二輯　相術類　151
作者：【民國】余晉龢 編著
主編、責任編輯：陳劍聰
心一堂術數古籍珍本叢刊編校小組：陳劍聰　素聞　梁松盛　鄒偉才　虛白盧主

出版：心一堂有限公司
通訊地址：香港九龍旺角彌敦道六一〇號荷李活商業中心十八樓〇五－〇六室
深港讀者服務中心・中國深圳市羅湖區立新路六號羅湖商業大廈負一層〇〇八室
電話號碼：(852)67150840
網址：publish.sunyata.cc
電郵：sunyatabook@gmail.com
網店：http://book.sunyata.cc
淘寶店地址：https://shop210782774.taobao.com
微店地址：https://weidian.com/s/1212826297
臉書：https://www.facebook.com/sunyatabook
讀者論壇：http://bbs.sunyata.cc/

版次：二零一七年十月初版
平裝

定價：港幣　一百三十八元正
　　　新台幣　五百五十元正

國際書號：ISBN 978-988-8317-90-5

香港發行：香港聯合書刊物流有限公司
地址：香港新界大埔汀麗路36號中華商務印刷大廈3樓
電話號碼：(852)2150-2100
傳真號碼：(852)2407-3062
電郵：info@suplogistics.com.hk

台灣發行：秀威資訊科技股份有限公司
地址：台灣台北市內湖區瑞光路七十六巷六十五號一樓
電話號碼：+886-2-2796-3638
傳真號碼：+886-2-2796-1377
網絡書店：www.bodbooks.com.tw
台灣國家書店讀者服務中心：
地址：台灣台北市中山區松江路二〇九號一樓
電話號碼：+886-2-2518-0207
傳真號碼：+886-2-2518-0778
網絡書店：http://www.govbooks.com.tw

中國大陸發行　零售：深圳心一堂文化傳播有限公司
深圳地址：深圳市羅湖區立新路六號羅湖商業大廈負一層〇〇八室
電話號碼：(86)0755-82224934

心一堂微店二維碼

心一堂淘寶店二維碼

心一堂術數古籍 珍本 整理 叢刊 總序

術數定義

術數，大概可謂以「推算（推演）、預測人（個人、群體、國家等）、事、物、自然現象、時間、空間方位等規律及氣數，並或通過種種『方術』，從而達致趨吉避凶或某種特定目的」之知識體系和方法。

術數類別

我國術數的內容類別，歷代不盡相同，例如《漢書・藝文志》中載，漢代術數有六類：天文、曆譜、五行、蓍龜、雜占、形法。至清代《四庫全書》，術數類則有：數學、占候、相宅相墓、占卜、命書、相書、陰陽五行、雜技術等，其他如《後漢書・方術部》、《藝文類聚・方術部》、《太平御覽・方術部》等，對於術數的分類，皆有差異。古代多把天文、曆譜、及部分數學均歸入術數類，而民間流行亦視傳統醫學作為術數的一環；此外，有些術數與宗教中的方術亦往往難以分開。現代民間則常將各種術數歸納為五大類別：命、卜、相、醫、山，通稱「五術」。

本叢刊在《四庫全書》的分類基礎上，將術數分為九大類別：占筮、星命、相術、堪輿、選擇、三式、讖諱、理數（陰陽五行）、雜術（其他）。而未收天文、曆譜、算術、宗教方術、醫學。

術數思想與發展——從術到學，乃至合道

我國術數是由上古的占星、卜筮、形法等術發展下來的。其中卜筮之術，是歷經夏商周三代而通過「龜卜、蓍筮」得出卜（筮）辭的一種預測（吉凶成敗）術，之後歸納並結集成書，此即現傳之《易

經》。經過春秋戰國至秦漢之際，受到當時諸子百家的影響、儒家的推祟，遂有《易傳》等的出現，原本是卜筮術書的《易經》，被提升及解讀成有包涵「天地之道（理）」之學。因此，《易．繫辭傳》曰：「易與天地準，故能彌綸天地之道。」

漢代以後，易學中的陰陽學說，與五行、九宮、干支、氣運、災變、律曆、卦氣、讖緯、天人感應說等相結合，形成易學中象數系統。而其他原與《易經》本來沒有關係的術數，如占星、形法、選擇，亦漸漸以易理（象數學說）為依歸。《四庫全書．易類小序》云：「術數之興，多在秦漢以後。要其旨，不出乎陰陽五行，生尅制化。實皆《易》之支派，傳以雜說耳。」至此，術數可謂已由「術」發展成「學」。

及至宋代，術數理論與理學中的河圖洛書、太極圖、邵雍先天之學及皇極經世等學說給合，通過術數以演繹理學中「天地中有一太極，萬物中各有一太極」（《朱子語類》）的思想。術數理論不單已發展至十分成熟，而且也從其學理中衍生一些新的方法或理論，如《梅花易數》、《河洛理數》等。

在傳統上，術數功能往往不止於僅僅作為趨吉避凶的方術，及「能彌綸天地之道」的學問，亦有其「修心養性」的功能，「與道合一」（修道）的內涵。《素問．上古天真論》：「上古之人，其知道者，法於陰陽，和於術數。」數之意義，不單是外在的算數、歷數、氣數，而是與理學中同等的「道」、「理」--心性的功能，北宋理氣家邵雍對此多有發揮：「聖人之心，是亦數也」、「萬化萬事生乎心」、「心為太極」。《觀物外篇》：「先天之學，心法也。……蓋天地萬物之理，盡在其中矣，心一而不分，則能應萬物。」反過來說，宋代的術數理論，受到當時理學、佛道及宋易影響，認為心性本質上是等同天地之太極。天地萬物氣數規律，能通過內觀自心而有所感知，即是內心也已具備有術數的推演及預測、感知能力；相傳是邵雍所創之《梅花易數》，便是在這樣的背景下誕生。

《易．文言傳》已有「積善之家，必有餘慶；積不善之家，必有餘殃」之說，至漢代流行的災變說及讖緯說，我國數千年來都認為天災，異常天象（自然現象），皆與一國或一地的施政者失德有關；下至家族、個人之盛衰，也都與一族一人之德行修養有關。因此，我國術數中除了吉凶盛衰理數之外，人心的德行修養，也是趨吉避凶的一個關鍵因素。

術數與宗教、修道

在這種思想之下，我國術數不單只是附屬於巫術或宗教行為的方術，又往往是一種宗教的修煉手段--通過術數，以知陰陽，乃至合陰陽（道）。「其知道者，法於陰陽，和於術數。」例如，「奇門遁甲」術中，即分為「術奇門」與「法奇門」兩大類。「法奇門」中有大量道教中符籙、手印、存想、內煉的內容，是道教內丹外法的一種重要外法修煉體系。甚至在雷法一系的修煉上，亦大量應用了術數內容。此外，相術、堪輿術中也有修煉望氣（氣的形狀、顏色）的方法；堪輿家除了選擇陰陽宅之吉凶外，也有道教中選擇適合修道環境（法、財、侶、地中的地）的方法，以至通過堪輿術觀察天地山川陰陽之氣，亦成為領悟陰陽金丹大道的一途。

易學體系以外的術數與的少數民族的術數

我國術數中，也有不用或不全用易理作為其理論依據的，如揚雄的《太玄》、司馬光的《潛虛》。也有一些占卜法、雜術不屬於《易經》系統，不過對後世影響較少而已。

外來宗教及少數民族中也有不少雖受漢文化影響（如陰陽、五行、二十八宿等學說。）但仍自成系統的術數，如古代的西夏、突厥、吐魯番等占卜及星占術，藏族中有多種藏傳佛教占卜術、苯教占卜術、擇吉術、推命術、相術等；北方少數民族有薩滿教占卜術；不少少數民族如水族、白族、布朗族、佤族、彝族、苗族等，皆有占雞（卦）草卜、雞蛋卜等術，納西族的占星術、占卜術，彝族畢摩的推命術、占卜術……等等，都是屬於《易經》體系以外的術數。相對上，外國傳入的術數以及其理論，對我國術數影響更大。

曆法、推步術與外來術數的影響

我國的術數與曆法的關係非常緊密。早期的術數中，很多是利用星宿或星宿組合的位置（如某星在某州或某宮某度）付予某種吉凶意義，并據之以推演，例如歲星（木星）、月將（某月太陽所躔之宮次）等。不過，由於不同的古代曆法推步的誤差及歲差的問題，若干年後，其術數所用之星辰的位置，已與真實星辰的位置不一樣了；此如歲星（木星），早期的曆法及術數以十二年為一周期（以應地支），與木星真實周期十一點八六年，每幾十年便錯一宮。後來術家又設一「太歲」的假想星體來解決，是歲星運行的相反，週期亦剛好是十二年。而術數中的神煞，很多即是根據太歲的位置而定。又如六壬術中的「月將」，原是立春節氣後太陽躔娵訾之次而稱作「登明亥將」，至宋代，因歲差的關係，要到雨水節氣後太陽才躔娵訾之次，當時沈括提出了修正，但明清時六壬術中「月將」仍然沿用宋代沈括修正的起法沒有再修正。

由於以真實星象周期的推步術是非常繁複，而且古代星象推步術本身亦有不少誤差，大多數術數除依曆書保留了太陽（節氣）、太陰（月相）的簡單宮次計算外，漸漸形成根據干支、日月等的各自起例，以起出其他具有不同含義的眾多假想星象及神煞系統。唐宋以後，我國絕大部分術數都主要沿用這一系統，也出現了不少完全脫離真實星象的術數，如《子平術》、《紫微斗數》、《鐵版神數》等。後來就連一些利用真實星辰位置的術數，如《七政四餘術》及選擇法中的《天星選擇》，也已與假想星象及神煞混合而使用了。

隨着古代外國曆（推步）、術數的傳入，如唐代傳入的印度曆法及術數，元代傳入的回回曆等，其中我國占星術便吸收了印度占星術中羅睺星、計都星等而形成四餘星，又通過阿拉伯占星術而吸收了其中來自希臘、巴比倫占星術的黃道十二宮、四大（四元素）學說（地、水、火、風），並與我國傳統的二十八宿、五行說、神煞系統並存而形成《七政四餘術》。此外，一些術數中的北斗星名，不用我國傳統的星名：天樞、天璇、天璣、天權、玉衡、開陽、搖光，而是使用來自印度梵文所譯的：貪狼、巨門、祿存、文曲，廉貞、武曲、破軍等，此明顯是受到唐代從印度傳入的曆法及占星術所影響。如星命術中的《紫微斗數》及堪輿術中的《撼龍經》等文獻中，其星皆用印度譯名。及至清初《時憲曆》，置閏之法則改用西法「定氣」。清代以後的術數，又作過不少的調整。

此外，我國相術中的面相術、手相術，唐宋之際受印度相術影響頗大，至民國初年，又通過翻譯歐西、日本的相術書籍而大量吸收歐西相術的內容，形成了現代我國坊間流行的新式相術。

陰陽學——術數在古代、官方管理及外國的影響

術數在古代社會中一直扮演着一個非常重要的角色，影響層面不單只是某一階層、某一職業、某一年齡的人，而是上自帝王，下至普通百姓，從出生到死亡，不論是生活上的小事如洗髮、出行等，大事如建房、入伙、出兵等，從個人、家族以至國家，從天文、氣象、地理到人事、軍事，從民俗、學術到宗教，都離不開術數的應用。我國最晚在唐代開始，已把以上術數之學，稱作陰陽（學），行術數者稱陰陽人。（敦煌文書、斯四三二七唐《師師漫語話》：「以下說陰陽人謾語話」，此說法後來傳入日本，今日本人稱行術數者為「陰陽師」）。一直到了清末，欽天監中負責陰陽術數的官員中，以及民間術數之士，仍名陰陽生。

古代政府的中欽天監（司天監），除了負責天文、曆法、輿地之外，亦精通其他如星占、選擇、堪輿等術數，除在皇室人員及朝庭中應用外，也定期頒行日書、修定術數，使民間對於天文、日曆用事吉凶及使用其他術數時，有所依從。

我國古代政府對官方及民間陰陽學及陰陽官員，從其內容、人員的選拔、培訓、認證、考核、律法監管等，都有制度。至明清兩代，其制度更為完善、嚴格。

宋代官學之中，課程中已有陰陽學及其考試的內容。（宋徽宗崇寧三年〔一一零四年〕崇寧算學令：「諸學生習……並曆算、三式、天文書。」「諸試……三式即射覆及預占三日陰陽風雨。天文即預

定一月或一季分野災祥，並以依經備草合問為通。」

金代司天臺，從民間「草澤人」（即民間習術數人士）考試選拔：「其試之制，以《宣明曆》試推步，及《婚書》、《地理新書》試合婚、安葬，並《易》筮法，六壬課、三命、五星之術。」（《金史》卷五十一・志第三十二・選舉一）

元代為進一步加強官方陰陽學對民間的影響、管理、控制及培育，除沿襲宋代、金代在司天監掌管陰陽學及中央的官學陰陽學課程之外，更在地方上增設陰陽學課程（《元史・選舉志一》：「世祖至元二十八年夏六月始置諸路陰陽學。」）地方上也設陰陽學教授員，培育及管轄地方陰陽人。（《元史・選舉志一》：「（元仁宗）延祐初，令陰陽人依儒醫例，於路、府、州設教授員，凡陰陽人皆管轄之，而上屬於太史焉。」）自此，民間的陰陽術士（陰陽人），被納入官方的管轄之下。

至明清兩代，陰陽學制度更為完善。中央欽天監掌管陰陽學，明代地方縣設陰陽學正術，各州設陰陽學典術，各縣設陰陽學訓術。陰陽人從地方陰陽學肆業或被選拔出來後，再送到欽天監考試。（《大明會典》卷二二三：「凡天下府州縣舉到陰陽人堪任正術等官者，俱從吏部送（欽天監），考中，送回選用；不中者發回原籍為民，原保官吏治罪。」）清代大致沿用明制，凡陰陽術數之流，悉歸中央欽天監及地方陰陽官員管理、培訓、認證。至今尚有「紹興府陰陽印」、「東光縣陰陽學記」等明代銅印，及某某縣某某之清代陰陽執照等傳世。

清代欽天監漏刻科對官員要求甚為嚴格。《大清會典》「國子監」規定：「凡算學之教，設肄業生。滿洲十有二人，蒙古、漢軍各六人，於各旗官學內考取。漢十有二人，於舉人、貢監生童內考取。附學生二十四人，由欽天監選送。教以天文演算法諸書，五年學業有成，舉人引見以欽天監博士用，貢監生童以天文生補用。」學生在官學肄業、貢監生肄業或考得舉人後，經過了五年對天文、算法、陰陽學的學習，其中精通陰陽術數者，會送往漏刻科。而在欽天監供職的官員，《大清會典則例》「欽天監」規定：「本監官生三年考核一次，術業精通者，保題升用。不及者，停其升轉，再加學習。如能黽勉供職，即予開復。仍不及者，降職一等，再令學習三年，能習熟者，准予開復，仍不能者，黜退。」除定期考核以定其升用降職外，《大清律例》中對陰陽術士不準確的推斷（妄言禍福）是要治罪的。《大清律例・一七八・術七・妄言禍福》：「凡陰陽術士，不許於大小文武官員之家妄言禍福，違者杖一百。其依經推算星命卜課，不在禁限。」大小文武官員延請的陰陽術士，自然是以欽天監漏刻科官員或地方陰陽官員為主。

官方陰陽學制度也影響鄰國如朝鮮、日本、越南等地，一直到了民國時期，鄰國仍然沿用着我國的多種術數。而我國的漢族術數，在古代甚至影響遍及西夏、突厥、吐蕃、阿拉伯、印度、東南亞諸國。

術數研究

術數在我國古代社會雖然影響深遠，「是傳統中國理念中的一門科學，從傳統的陰陽、五行、九宮、八卦、河圖、洛書等觀念作大自然的研究。……傳統中國的天文學、數學、煉丹術等，要到上世紀中葉始受世界學者肯定。可是，術數還未受到應得的注意。術數在傳統中國科技史、思想史，文化史、社會史，甚至軍事史都有一定的影響。……更進一步了解術數，我們將更能了解中國歷史的全貌。」（何丙郁《術數、天文與醫學中國科技史的新視野》，香港城市大學中國文化中心。）

可是術數至今一直不受正統學界所重視，加上術家藏秘自珍，又揚言天機不可洩漏，「（術數）乃吾國科學與哲學融貫而成一種學說，數千年來傳衍嬗變，或隱或現，全賴一二有心人為之繼續維繫，賴以不絕，其中確有學術上研究之價值，非徒癡人說夢，荒誕不經之謂也。其所以至今不能在科學中成立一種地位者，實有數因。蓋古代士大夫階級目醫卜星相為九流之學，多恥道之；而發明諸大師又故為惝恍迷離之辭，以待後人探索；間有一二賢者有所發明，亦秘莫如深，既恐洩天地之秘，復恐譏為旁門左道，始終不肯公開研究，成立一有系統說明之書籍，貽之後世。故居今日而欲研究此種學術，實一極困難之事。」（民國徐樂吾《子平真詮評註》，方重審序）

現存的術數古籍，除極少數是唐、宋、元的版本外，絕大多數是明、清兩代的版本。其內容也主要是明、清兩代流行的術數，唐宋或以前的術數及其書籍，大部分均已失傳，只能從史料記載、出土文獻、敦煌遺書中稍窺一鱗半爪。

術數版本

坊間術數古籍版本，大多是晚清書坊之翻刻本及民國書賈之重排本，其中豕亥魚魯，或任意增刪，往往文意全非，以至不能卒讀。現今不論是術數愛好者，還是民俗、史學、社會、文化、版本等學術研究者，要想得一常見術數書籍的善本、原版，已經非常困難，更遑論如稿本、鈔本、孤本等珍稀版本。在文獻不足及缺乏善本的情況下，要想對術數的源流、理法、及其影響，作全面深入的研究，幾不可能。

有見及此，本叢刊編校小組經多年努力及多方協助，在海內外搜羅了二十世紀六十年代以前漢文為主的術數類善本、珍本、鈔本、孤本、稿本、批校本等數百種，精選出其中最佳版本，分別輯入兩個系列：

一、心一堂術數古籍珍本叢刊

二、心一堂術數古籍整理叢刊

前者以最新數碼（數位）技術清理、修復珍本原本的版面，更正明顯的錯訛，部分善本更以原色彩色精印，務求更勝原本。并以每百多種珍本、一百二十冊為一輯，分輯出版，以饗讀者。後者延請、稿約有關專家、學者，以善本、珍本等作底本，參以其他版本，古籍進行審定、校勘、注釋，務求打造一最善版本，方便現代人閱讀、理解、研究等之用。

限於編校小組的水平，版本選擇及考證、文字修正、提要內容等方面，恐有疏漏及舛誤之處，懇請方家不吝指正。

心一堂術數古籍 珍本 整理 叢刊編校小組

二零零九年七月序

二零一四年九月第三次修訂

山陰余晉龢著

龢

性相論

乙亥仲春

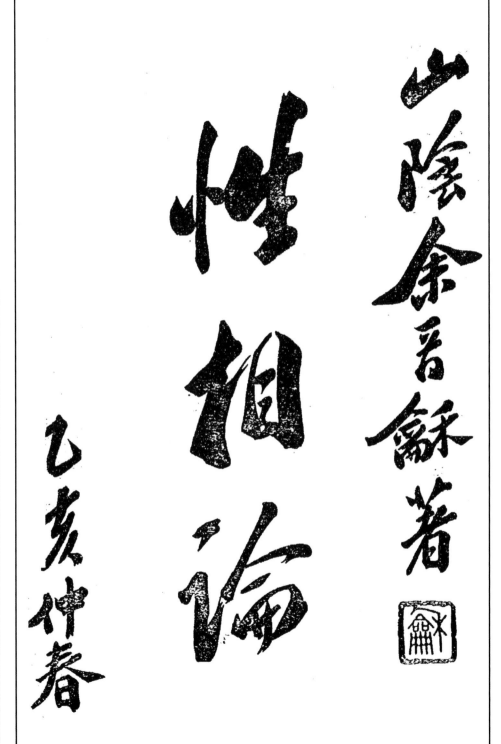

序

蓋聞太極生兩儀。兩儀生四象。陰陽五行。化生萬物之理。莫不有象可徵。易曰。日月星辰麗乎天。此天象之顯着者也。百穀草木麗乎土。此地象之顯著者也。蘇洵曰。月而暈風。礎潤而雨。此又爲天地感應之象顯著者也。夫誠於中。形於外。放之則彌六合。捲之則退藏於密。而人之性相。抑何獨不然。考性相之學。傳自古代。麻衣相學。重歸納之法。柳莊相學。重演繹之法。惜年代久遠。眞諦就湮。遺其當然。失其所以然。因之後世。不免有種種附會之說。如額尖留鬚。牙劣鑲牙。鼻塌隆鼻。以爲可改造生命。發展氣運。實則與本來性理。有何關焉。近時投機者。製生髮水。拔毛藥。隆鼻器等之牟利。此類矯揉造作。奚啻枝節橫生。竊爲人體組織。不外質與性及體與用。以論質之體。一化學之化合體而已。以論性之用。大則關係國家盛衰與亡。理亂安危。小則關係個人榮枯休咎。成敗得失。古今中外聖賢豪傑。仁人志士。如孔子。孟軻。老聃。耶蘇。釋迦牟尼。沙士比亞。匹夫而爲百世師。一言而爲天下法。皆足資化民成俗。修己治人之證。今日科學昌明。性相學。在人類學上。關於人種改良。遺傳退化之研究。在犯罪學上。關於辨察善惡。懲究奸宄。堪供個人識別之研究。在軍事學上。統御將兵。知人善任。頗佔重要之地位。矧乎滔滔社會。吾人處事接物。鑒別羣倫。在在俱有關係。餘素嗜研究性相。茲本一得之愚。參以心身相關之道。彙成斯篇。明知學識淺陋。對於先哲性相眞詮。未能闡發萬一。竊願高明。有以教之。

中華民國二十四年二月序於北平

著者識

性相論目次

	頁數
第一篇　總說	一
第一章　質生理	一
第二章　質分類	三
第三章　性格	四
第四章　定格與不定格	九
第二篇　各說	一五
第一章　頭	一五
第一節　腦生理	一五
第二節　腦性理	一七
第三節　腦性機能研究與比較	一九
第四節　頭觀察	三八

第二章 面 四〇
第一節 一般觀察 四〇
第二節 各個觀察 四三
第三章 額 五一
第一節 一般觀察 五一
第二節 各個觀察 五二
第四章 耳 五四
第一節 一般觀察 五四
第二節 各個觀察 五七
第五章 目 五九
第一節 一般觀察 五九
第二節 各個觀察 六〇
第三節 遺傳 六二

第六章　眼　六三
第一節　一般觀察　六三
第二節　各個觀察　六四
第三節　動物比較觀察　六八
第七章　鼻　六九
第一節　一般觀察　六九
第二節　各個觀察　七一
第三節　動物比較觀察　七三
第八章　顴　七三
第一節　一般觀察　七三
第二節　各個觀察　七四
第九章　頤　七六
第一節　一般觀察　七六

第二節　各個觀察　七七
第十章　色　八〇
第十一章　紋痣痕　八二
第十二章　遺傳與環境　八五
附　手相　八九

性相論

第一篇　總說

第一章　質生理

凡形體，必以質成，茲欲言人之形體，必先言質生理，夫胎之成也，乃由精子（雄性細胞）與卵子（雌性細胞）相結合，

卵子係球形，具多量之營養質，運動力弱，精子爲鞭毛形，細長有活潑之運動力，故卵子爲性溫和，精子爲性活潑，此實已表彰男女之個性矣，

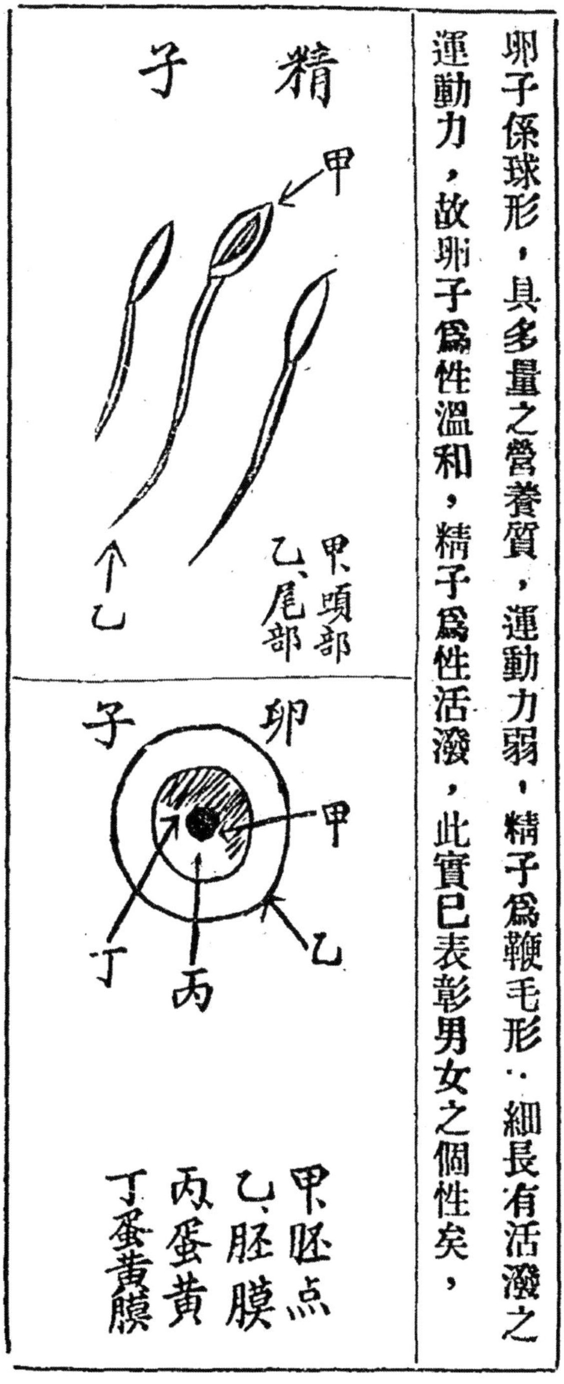

易言之，既由兩個雄雌之單細胞，結成一個複細胞，依生理之變化，一個增爲二個，二個增爲四個，形成羣細胞，如左圖之中空球形，

二

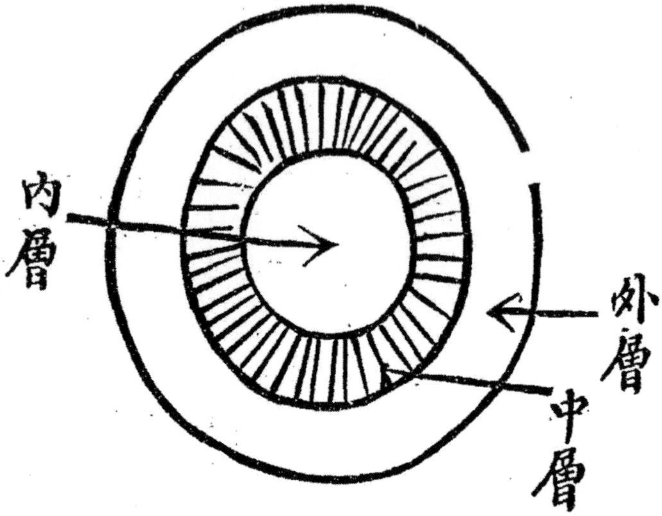

外層……………皮膚神經系統

中層……………骨格筋肉血管系統

內層……………吸收消化排泄系統

其結胎之始，胎胞已分外中內三層，外層爲皮膚神經系統，中層爲骨格筋肉血管

系統、內層為吸收消化排泄系統、所謂中空者、即如左圖為內層系統之部位也，

而此三層，在胚胎於母體期間，依左記之三大作用，乃組織質之大體，

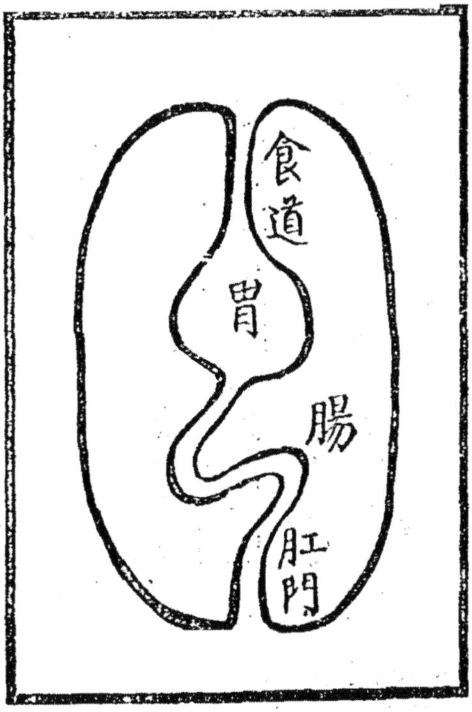

(一)內層——生殖作用

(二)中層——新陳代謝作用

(三)外層——刺激感應作用

第二章　質分類

本節所述之質生理，形成左記之三大分類，

(一)胚胎之間，刺激感應作用強，為外層皮膚神經系統發育旺盛之原因，是成神經質之本源，即古相法所謂屬於木行也，

(二)胚胎之間，新陳代謝作用强，爲中層骨格筋肉血管系統發育旺盛之原因，是成筋骨質之本源，即古相法所謂屬於金土混行也，

(三)胚胎之間，生殖作用强，爲內層吸收消化排泄系統發育旺盛之原因，是成營養質之本源，即古相法所謂屬於水行也，

第三章 性格

本前述之質分類，區分左記之三大性格，

(一)面長形，(神經質，一稱頭腦質，)(木行，)

屬此形者，面長頦尖，色青，貌憂鬱，體挺而直瘦，眼大圓，聲急促，髮稀，骨弱，肉薄，此種人，性過敏，感覺靈捷，動止溫柔，主多智，研究家，文學家，理想家，發明家，哲學家，以及名士騷客俳優等，多屬之，此形之嬰孩，好啼哭，

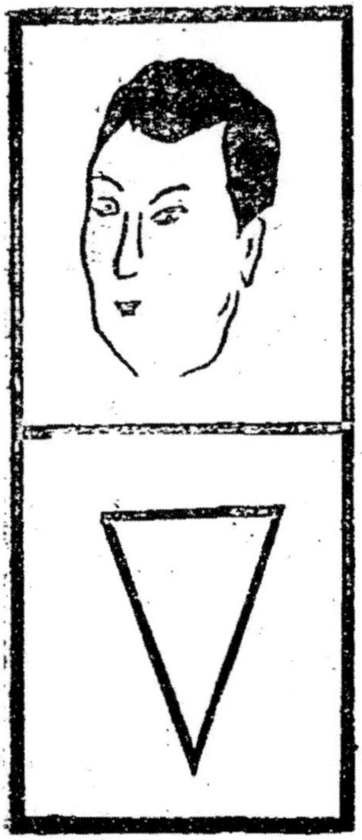

(二)面方形，(筋骨質，一稱膽液質；)(金土混行；)

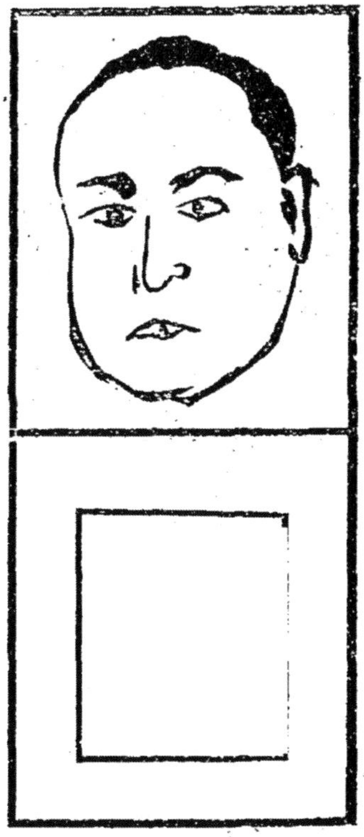

屬此形者，面方，頦多擴大，色白，或帶黃，貌嚴肅，體厚實，亦有短小精悍者，要以全體格局平均爲準，眼中等，銳而有光，聲深厚，髮黑，骨強，肉堅，此種人，性勇敢堅忍，氣力旺盛，沈默寡言，感覺雖較遲而深篤，動止謹嚴，主剛勇，軍事家，政治家，冒險家，運動家，企業家，航海家，以及勞動者多屬之，此形之嬰孩，不哭亦不多笑．

(三)面圓形，(營養質，一稱肥滿質；)(水行；)

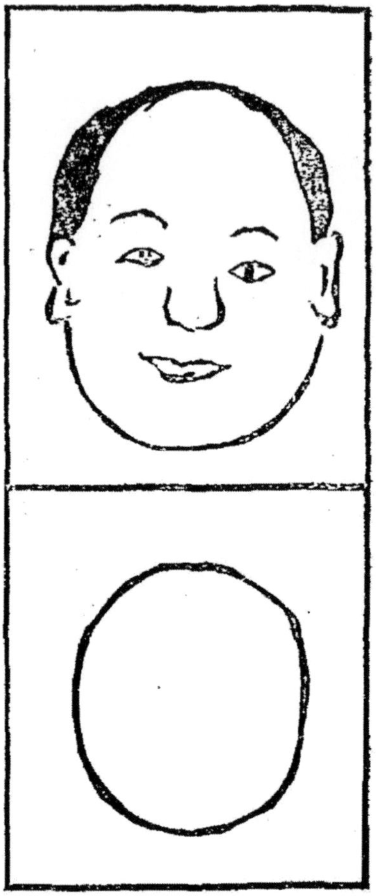

六

屬此形者，面圓，色黑，貌溫和，體圓肥，眼小圓，而秀，聲緩和，髮雖多，常禿頂，骨弱，肉肥，此種人，性懦弱，感覺遲純，能忍耐，乏勇敢，動止寬和，主仁厚，理財家，實業家，教育家，慈善家，以及僧道等，多屬之，此形之嬰孩好嬉笑，

譬如有此三種性格之人，共寢一床，盜賊進入，乘其睡熟之際，因作惡戲，將此三人，各裝一袋，攜之原野而棄之，預料面長尖形者，必醒而驚起，破袋而出，怒髮沖冠，大聲疾呼，忽而止怒起畏懼心，似凶在眉睫者然，飛奔回家，面方形者，必醒而思解其故，悟至被棄原野，遂大怒，從容破袋而出，大聲疾呼，以無何等之反響，於是更入山野中，探盜賊之蹤跡，非復讐不肯息止，面圓形者，必

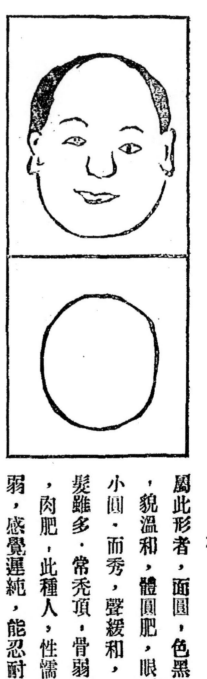

醒而不覺己身已在原野，或仍復鼾睡，縱即覺知，破袋而出，心度奇怪，若無事然，徐徐歸家，重入睡鄉，有話明天再說

吾人服務警察及偵探者，見微知著，發伏摘奸，以及應接對話，倘能於一眼之下，觀破性格，收效必偉，本以上譬如之說，可以悟人之性格，實由於生理所使然，非無故也，

綜以上之三大性格，各有長短，一生榮枯休咎，除遺傳及環境互相爲因外，多半由此而定，生爲理想家，終不能強使其爲實行家，生爲實行家，亦不能强使其爲理想家，每每致養子女，爲父兄者，偶一不愼，誤擇職業，與其性格不合，以致失之毫釐，差之千里，終無成就之望者有之，半途改業，所學非所用者亦有之，衡之性格原理，欲在物質方面，創業致富者，是以水行者爲宜，勇敢邁進之點，雖不如金土混行，然富有涵養及忍耐，爲其所長，故此種人，雖不能創業，而收成有餘，試觀收成者，多寬面大臉，豐耳隆鼻之人，因其性主仁厚，諺云，不癡不聾，不作家翁，正以其性格仁厚忠恕，而人樂爲其所用也，范蠡知越王長頸烏

喙，不可與共安樂而去，尉繚子視秦王虎視狼心，不可交遊，乃亡秦，此皆由於性格的觀破，不樂爲其所用而已，欲在精神的方面創業成名者，是以金土混行者爲宜，蓋此種人，性主剛義有堅忍力，具百折不撓之精神，所謂有志者事竟成即此也，次則爲木行，惟以富有靈敏之智感，利害看得太清，又乏仁厚之性，成功者殊鮮，此種人思考力足，其過於發達者，清白傲物，終至玄想，好清逸，厭俗塵，求仙拜佛，欲超塵世，麻衣曰，山林骨起，終作神仙，哲學家，文學家，思想家，發明家爲其上者，名士騷客其中者，厭世自殺以及一身無家無室落拓江湖之輩，其下者也，

以上僅從善的方面，述性格之原理，及觀破法則之概要而已，吾人本此理，更試從惡的方面，作一比例之研究，譬如拘獲强盜共犯者，有長方圓三種面形之人，審鞫之下，各互推諉不能决，此時倘依性格而判斷之，則計謀者，必出自面長尖形者，實行爲面方形者，附和帮助爲面圓形者，惟行有單複，一人單純行者有之，一人而混合行者亦有之，固不可一概而論，然原理如此，苟能加以擴大而推考

之，則所謂惡性格之觀破，可由此中求溯矣，

依三大性格，所得之結果，又不外智權情三者而已。卽智以木行勝，權以金土混行勝，情以水行勝。試觀人之一生，前三十年，孜孜於智之是求。如古人映雪讀書，負薪攻學，莫不惟學之一途，致其力焉，中三十年，本其已得之智，遇機乃用其權，所謂龍會風雲，騰飛萬里，後十年，悟人生觀，重於情力牽制，所謂收成以德也。反之前三十年，不力求取智，幼不學老何爲，不能談榮枯得失矣，縱前三十年，取智豐富，中三十年，遇機施其權威，倘不悟人生觀，憑其權威，直衝而下，無德以挹注之，則又必至失敗，凶終隙末也，

第四章　定格與不定格

以論性格之定格，木行者，面長尖，體挺直秀長，金土混行者，面方體短或厚大，水行者，面圓，體圓肥，（參照第二章性格）不定格者，或因混行，或因遺傳退化，雖不能一定，要以左記之原則，依是否平均發育，而論斷之。

（一）面之三停

(二)體之三停

面之三停，自髮際至印堂爲上停，自山根至準頭爲中停，自人中至地閣爲下停，體之三停．頭部爲上部，胴部爲中部，足部爲下部．卽所謂身之三停也，面之三停要發育平均，身之三停，要發育平均，面與體，又要發育適合，凡發育平均者，是表徵先天胚胎健全，遺傳進化，及後天營養充足，此種人，精氣神，未有不足者，如面之三停不均，體之三停不均，面與體又不適合，是先後天發育不完全之徵、古相法，論格局，五短五長主富貴，三尖五極主貧賤，(參照後附子表)又論面之三停，謂上停初主(少年)，中停中主(中年)．下停晚主(晚年)，三停平等，富貴榮華．三停不均，孤夭賤貧，是皆依發育之是否平均．以推其精神事業，斷其榮枯休咎而已，古諺謂，兩耳垂肩．兩手過膝爲異相，必貴爲天子之尊，富有四海，是乃愚民之敎，滑稽至極，試問動物中，兩手過膝者，爲猿猴，爲猩猩，兩耳垂肩者，爲兎爲猪，人有人形，獸有獸形．禽有禽形，虫有虫形，以及鱗介，莫不各有其形，如果有兩耳垂肩兩手過膝者，皆爲病的畸形，是發育極不完全徵，易言之，卽人的發育及遺傳之退化也，意大利有名之罪犯學者，倫勃羅佐氏．(Cesare Lombrose) 本獨創的天才，研究犯罪學，發明甚多，最近由其愛女手中之傳記，錄有犯罪定型說一節，摘記於左，以供參考

一，遺傳與退化原理

一九〇六年，在意大利秋蘭地方，所開之第六次犯罪人類學會，倫氏揭示『過去下等人種特徵之一種遺傳的現象，再現於現代』之一題，為長時間之講演，其要旨，謂由遺傳已成為一個退化之模型，其退化之特徵，殊耳聳立，前頭窩之擴大，顎骨與顴骨之突出，斜視眼之形成，及上唇之薄弱等，為遺傳的現象所恒見之特徵，退化原理研究者，瑪苦斯洛爾魯特氏，(Mad nordan) 關於此點，亦與倫氏之意見一致．瑪氏曰，退化為病理現象之一，原來健全體質之存在，依時代之經過，漸次傾於病的狀態，不過退化，決非由於一代之短少歲月，而退化人之不健全的份子，其體質機能，已缺乏到達進化平準之能力云云，倫氏所謂犯罪人定型之特徵，舉其大要如左，

(一)頭髮粗硬，而多黑色、帶赤色或灰色者，比較的稀少，禿頭者更多，
(二)頭部之形狀，呈一種變態，如尖頭或後頭部突出，及凹陷等佔多數，
(三)眉濃粗如藪，鼻呈種種異形，耳長大且著向外部突出，
(四)顴骨及顎骨突出或凹陷，似野蠻人或猿猴之類，
(五)唇大，多缺智齒，皮膚發青，多皺紋
(六)面貌分兩種，一種畏縮，一種猛惡，
(七)身長及體重，比較普通人爲劣，
(八)筋肉軟弱，臂較普通人長，腿反短，且發育不良，
(九)脊髓骨，一般彎曲

二，定型之意義

倫氏所謂定型者，其敘述之意義又如左，

「予用定型一語，例如統計上人之死亡率，爲四十二歲最多，而死亡最多之月爲十二月，乃就平均統計而言，非謂人四十二歲即死，死必在十二月也

故倫氏之定型說，全屬抽象的觀念，包括最普遍的特性，易言之，犯罪人當具備定型中之數個特徵，非必整個的具有定型中之諸特性也，

三，犯罪人定型率

倫氏所謂定型率，其叙述之意義如左：

「犯罪之定型率，約佔百分之四十之比例，而此四十之數字，絕不容吾人之忽視也，凡有機體自一個性質，相通他性質，確有不可解的徑路之存在，而此徑路，不但存在於同一種族之間，並存在於異族種族之間，殊從人類學上觀之，個人變化性之增加，與個人之進化，社會之文明，爲正比例，故至某時期，所謂種族之一定型者，亦不免消滅，今日意大利人中，可代表純粹之意大利人種定型者，一百人之中，難見有五人云」，

（子表）

古相法

善格

- 五長：頭、面、手、足、身——主富貴
- 五短：頭、面、手、足、身——主富貴
- 五小：頭、眼、耳、口、腹——主貴
- 五露：眼露、耳反、鼻仰、唇掀、喉結——主福祿
- 八大：頭、面、眼、耳、鼻、口、身、聲——主富貴
- 八小：頭、面、眼、耳、鼻、口、身、聲——主貴
- 五合：骨正直、視瞻隱、氣溫粹、智力足、性忠厚——主富貴

發育完全

惡格

- 三尖：頭、鼻、嘴、——主賤
- 五極：五官俱小、——主賤
- 六害：懸針梁露、眉粗直豎、目珠反露、鼻樑橫起、口齒齙亂、骨露肉橫、——主灾 主孤
- 六惡：頭小、眼小直視、唇不掩齒、結喉、三停不等、蛇行雀躍、——主賤
- 六賤：無羞惡心、痴笑、不明進退、喜形人短、自誇、附人言語、——主賤
- 六極：頭大頭小、面大頭小、身胖無聲、背薄無肉、胸長肚削、足脛無肉、——主貧

發育不完全

第二篇　各說

論頭之相理，先應明頭之組織，爲便於說明起見，分腦生理，腦性理，腦性理機能研究與比較，及頭觀察，四節述之

第一章　頭

第一節　腦生理

人之頭骨，分頭蓋骨，顏面骨，頭蓋骨由八骨而成，顏面骨由十四骨而成，頭蓋骨下爲腦髓，腦分大腦小腦，大腦又分爲四部，最前部爲額葉，中部爲頂葉，最後部爲枕葉，側部爲顳顬葉，腦神經十二對，從腦髓發出，與脊髓相連，腦髓之質，爲炭素窒素燐及含有黃硫等複雜之化合體，此種化合體，稱每溪爾基，阿米篤基，呈灰白兩色，白質位於腦髓橫剖面上，灰質則成爲H字形，白質者，爲神經纖維的通路，凡連絡腦與脊髓相互間的神經纖維，皆從此中間通過，灰質者，有神經細胞，因之灰質之部分，亦最有功用，在頭蓋骨之下，腦之表面，有多數之皺紋，而灰質部分，又覆其表面之上，其狀一如乾豆腐皮，有無數之皺紋，倘將此乾豆腐皮，浸水濕潤，以手摸拭，使平其皺紋，則所得皮之面積，較浸水濕潤前當擴大，上述灰質部分之皺紋，亦正同此理，皺紋愈多，坎凹愈深，則灰質

部分之面積愈廣，而腦性理作用愈大也。（詳細參照腦性理）

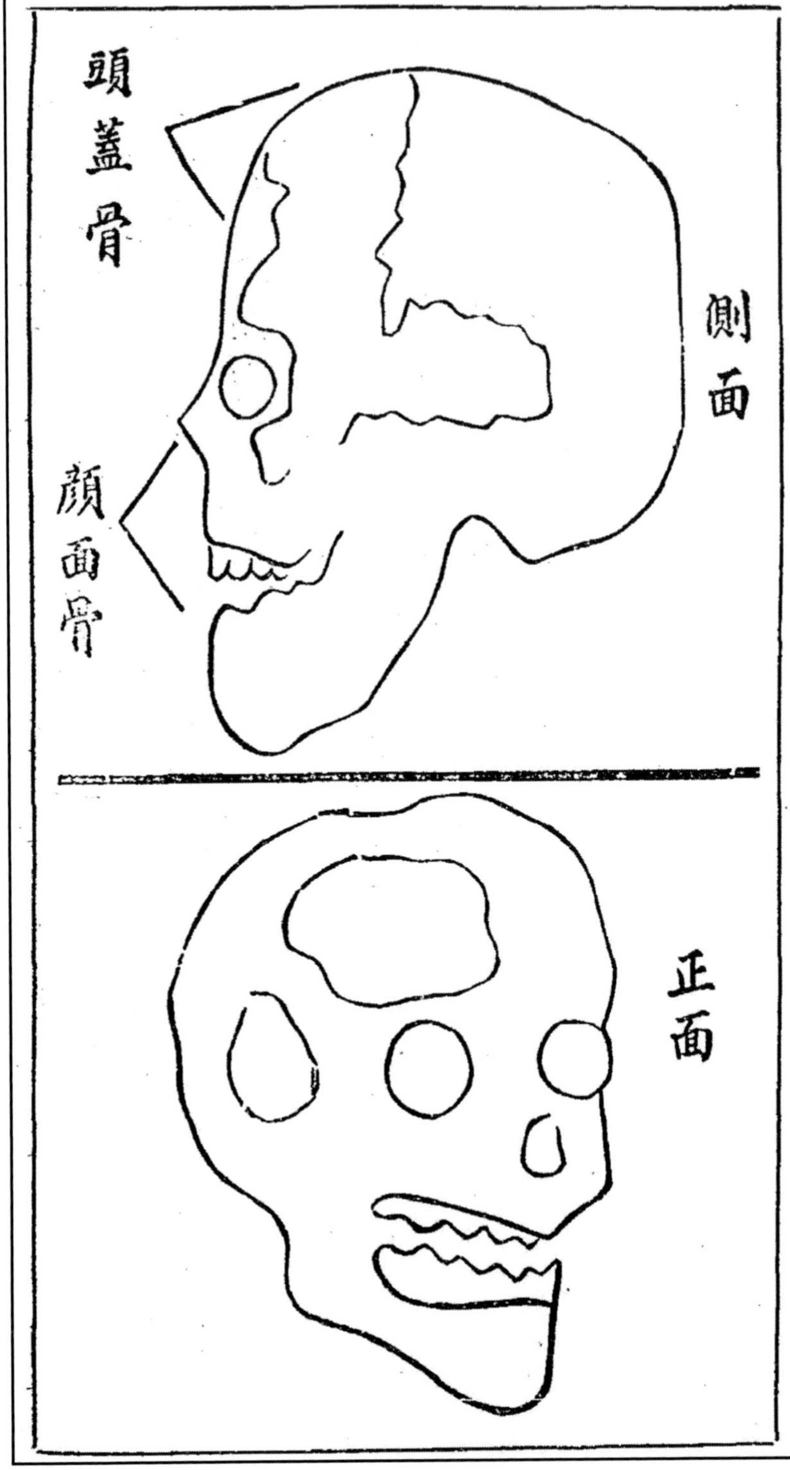

第二節　腦性理

腦質之良否，由於先天的生理所賦與，知識感情意志之三大性理作用，乃由於後天之外入，人本五感之覺，而有知識，有知識而後有感情，有感情而後生意志，即我知我感我爲也，以論腦，不過爲質的化合體，初乃如一張白紙，可謂一塵不染也，自出生後，憑其五感作用，經家庭敎，學校敎，社會敎，自然敎，經驗敎之五大經歷，依五感之外入，及腦部之刺記，漸次留印象於腦部，此後天知感收入之途

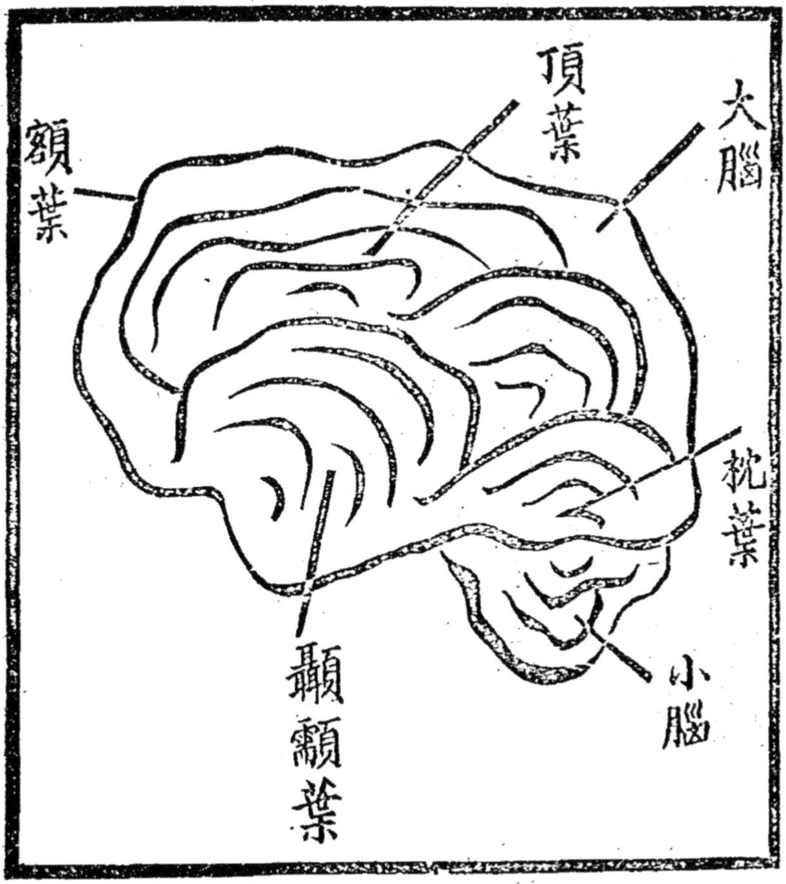

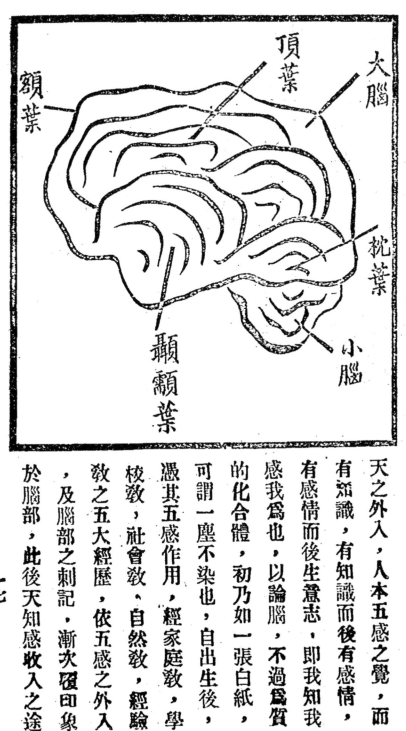

徑也，處事接物，起收入印象之反射作用，聯合各部分已記入之印象，而爲我知我感我爲之發洩，此後天意志發出之途徑也，其理正似留聲機之構造，卽腦質等於臘質之唱片，腦質之優劣，等於唱片臘質之精粗，故人之頭不在大小，在腦質皺紋之密否，皺紋密，卽是腦之積量大，（參照上述乾豆腐皮之理）刺記之感受量亦必大，機之收聲器，等於視聽臭味觸五感之覺，機之收音。（依收音器，傳刺音波於臘片，）等於依五感之覺，刺記於腦部，收音後臘片之波紋，等於覆印象於腦部，機之放音，（依放音器，使循由已刺記之波紋，而傳出其音），等於腦部收入之刺記印象，依反射作用，而爲我知我感我爲之發洩，本此理，不難推知腦性理左記之各原則，

一，腦質之優劣，依遺傳由先天所賦與，

二，知識情感意志之性理作用，依五感由後天所賦與。

三，先天質量有一定，後天知感，依教之善惡，而增減消長

四，頭不在大小，要腦之積量大，故刺記之感受量亦大。

五，先天所賦與腦之積量大，後天得善教，其人必智，反之必愚，殊人之幼時，以論腦質，正似一頁白紙，一切觀感之刺記强者，則深入印象於腦部，吾人嘗憶兒童之時，食飯不淨，母戒之曰，遺飯不惜，暴殄天物者，雷神不容，所以如此怒鳴驚人也，雖係警惕兒童之訓，幼時之理解，類如打字機，重打一針，則深刺一記點於腦部，迄不能忘，及長處事，凡大事要事，刺記强者牢記，小事細事，刺記弱者易忘，吾人再試察動物之腦，無論大小，極為單純，絕不似人腦皺紋之複雜也，故如猪牛馬羊等等動物，不能多記事，猿猴之腦，類似人，則比較又畧能記事，縱人腦雖大，而單純者，亦健忘也，要之一生記事，感受色容，關係先天質量，一生智愚增減消長，關係後天知感，如動物者，先天所賦與腦質量，根本簡單，不能記事，後天知感，更不足論焉，所謂先後天腦之性理及作用如此而已，

第三節　腦性機能研究與比較

腦性理之各個推究，依五感之覺，因感受途徑之不同，故刺記之部位，自亦不一

，例如頭額葉，接近兩眼視之觀感，故直感受刺記於此部腦中樞，即主宰鑑識比較推因各性理機能也，而腦之表徵，在頭與面，故額葉，大而豐滿者，必聰明過人，感情高尚，古相法曰，天中爲貴之主宰，骨起主富貴，又曰天庭豐滿主貴，又曰司空爲三公之部，骨起光潤，大貴，又曰中正主群僚之事，詳品人物之司，要不外人富有鑑識，比較推因，各性理機能，處世接物，必辯別善惡，明達事理，求機謀事，愚人行大迂迴者，智人則走捷徑，愚人徘徊歧路，智則捷足先登，宜其貴矣，

茲依智識感情意志之三大性理作用，擴充而細分之，可綜分八部位，四十二性理機能，其區分如左，（參照後附丑圖）

（甲） 八部位

性理機能

- **知識**
  - （一）觀憶力
    - 觀察
      - 個體性　大小性　形狀性　輕重性
      - 秩序性　計數性　色彩性
    - 記憶
      - 事實性　位置性　時間性　音調性
      - 言語性
  - （二）理解力
    - 比較
    - 推因
  - （三）鑑識力
- **感情**
  - （四）道念性
    - 仁惠性　尊崇性　靈妙性
    - 正義性　希望性
  - （五）愛情性
    - 住愛性　慈愛性　友愛性
    - 偶愛性　戀愛性
- **意志**
  - （六）自我性
    - 自尊性　强硬性
    - 名譽性　連續性
  - （七）自衛性
    - 警戒性　抵抗性　陰秘性　破壞性
    - 貯蓄性　建築性　生命性　飲食性
  - （八）自美性
    - 美麗性　宏壯性　模倣性
    - 調和性　應變性

(乙)四十二性能

(一)個體性　(分析檢察等作用)
(二)大小性　(區別大小等作用)
(三)形狀性　(認識形壯等作用)
(四)輕重性　(察識重量等作用)
(五)色彩性　(認識色彩等作用)
(六)秩序性　(認識順序及方式等作用)
(七)計數性　(計算數目等作用)
(八)事實性　(記憶事情等作用)
(九)位置性　(記憶位置方向等作用)
(十)時間性　(記憶時間等作用)
(十一)音調性　(記憶音調譜節等作用)
(十二)言語性　(長於言語雄辯等作用)

(十三)比較性　(比較事物等作用)
(十四)推因性　(推理判斷等作用)
(十五)鑑識性　(直覺識別等作用)
(十六)名譽性　(敬感賞讚好名等作用)
(十七)連續性　(連續耐久等作用)
(十八)美麗性　(風雅美術等作用)
(十九)宏壯性　(宏壯偉大等作用)
(二十)模倣性　(描寫模倣等作用)
(二十一)調和性　(折衷和平等作用)
(二十二)仁惠性　(慈善同情等作用)
(二十三)尊敬性　(服從尊敬悅服信仰等作用)
(二十四)靈妙性　(信神佛及玄想等作用)
(二十五)正義性　(辨識正邪及懺悔罪惡等作用)
(二十六)希望性　(欲望期待等作用)
(二十七)警戒性　(謹慎注意控制戒防及疑慮等作用)

(二十八)抵抗性 (抵抗防禦等作用)

(二十九)秘密性 (謀計詭署及嫉妬等作用)

(三十)破壞性 (侵擊破壞等作用)

(三十一)貯蓄性 (收獲理財等作用)

(三十二)構造性 (手工製作及利用器具等作用)

(三十三)生命性 (貪生怕死等作用)

(三十四)飲食性 (嗜好飲良等作用)

(三十五)自尊性 (自尊獨立及不羈等作用)

(三十六)强硬性 (剛毅堅實及敢爲等作用)

(三十七)慈愛性 (愛撫子女等作用)

(三十八)友愛性 (社交及博愛等作用)

(三十九)偶愛性 (夫婦情愛等作用)

(四十)戀愛性 (戀想戀愛等作用)

(四十一)住愛性 (愛祖國家鄉家庭及山水等作用)

(四十二)諧謔性 (詼諧戲謔滑稽及譏諷等作用)

丑圖

腦性理機能四十二性能圖

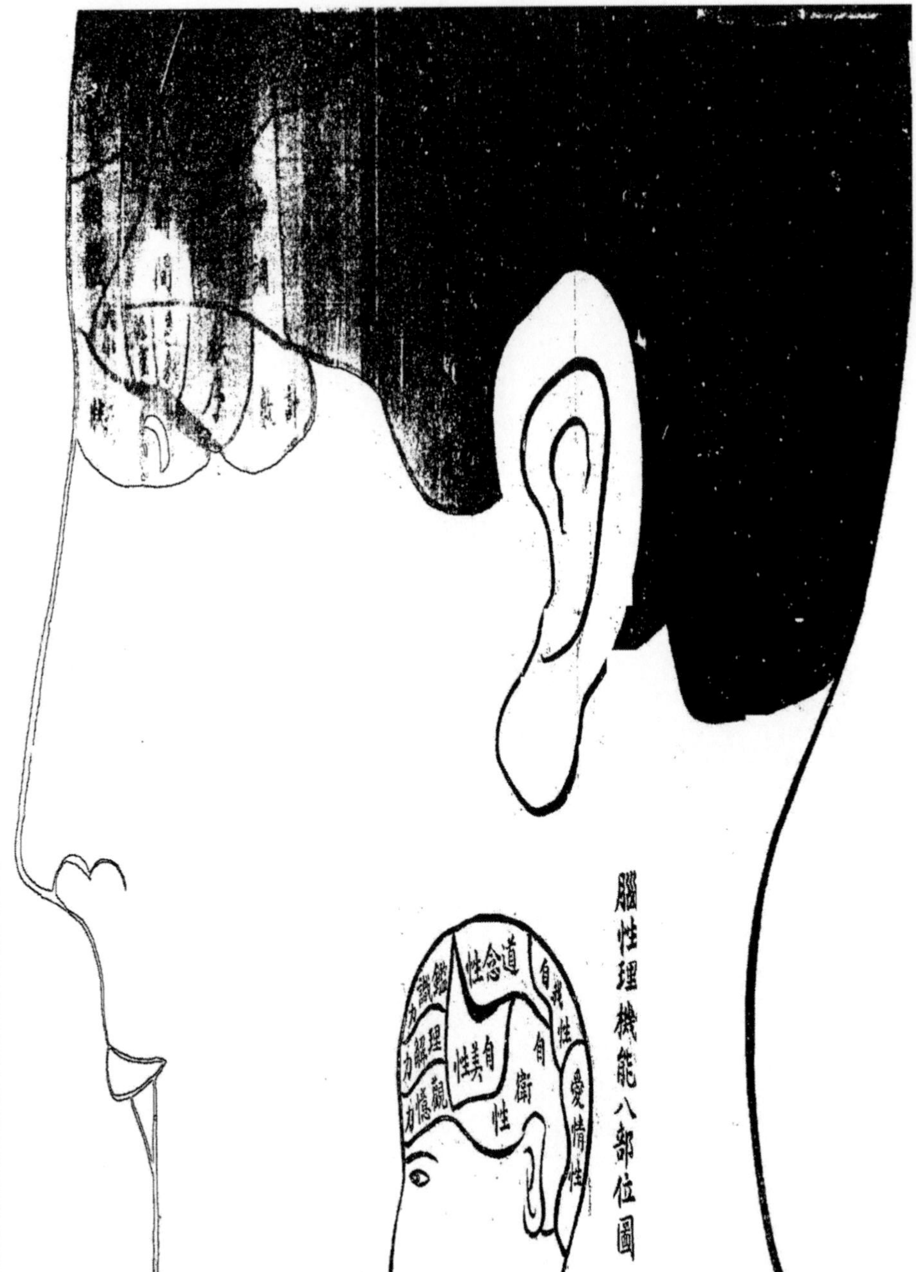

腦性理機能八部位圖

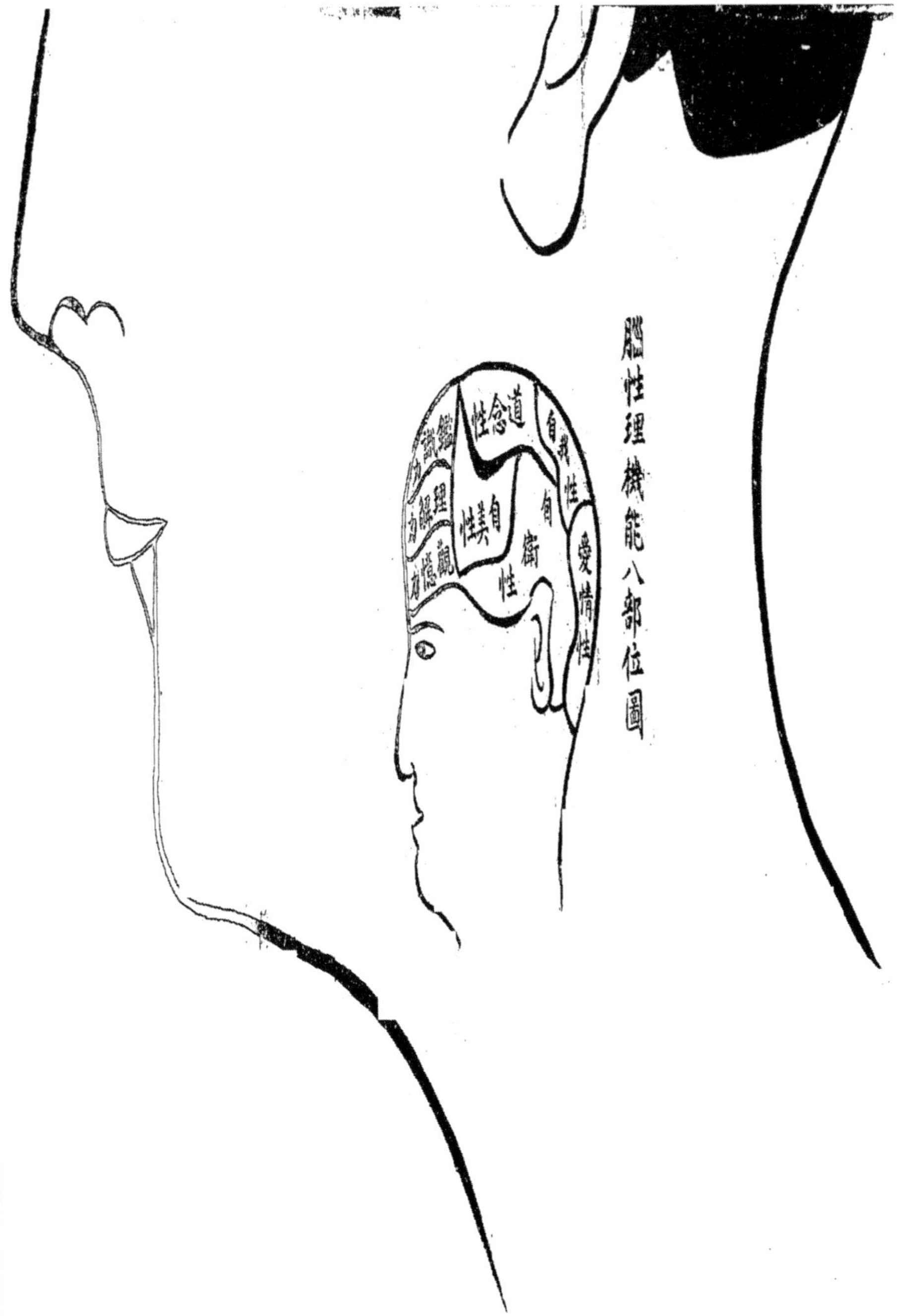
腦性理機能八部位圖
道念性
自我性
愛情性
自衛性
自美性
鑑識力
理解力
觀憶力

古相法，以觀察面爲基準，蓋腦之表徵，原在頭與面，觀頭觀面，其理一也。

按古相法之分類，綜別之，約有九種如左

（一）三分者　有　三才三停，

（二）四分者　有　四學堂，四瀆，

（三）五分者　有　五岳，五官，五星，

（四）六分者　有　六曜，六府，

（五）八分者　有　八卦，八學堂，

（六）九分者　有　九州，

（七）十二分者　有　十二宮，天干地支十二月令圖，

（八）十三分者　有　面部十三位總圖，變爲一百三十四位，

（九）六十分者　有　六十年流年運氣總圖，

三才圖

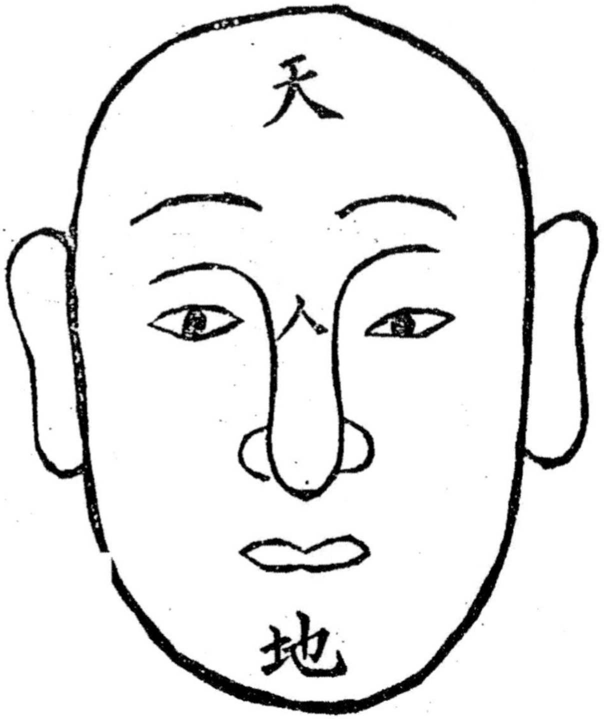

額爲天

鼻爲人

頦爲地

三十六

三停圖

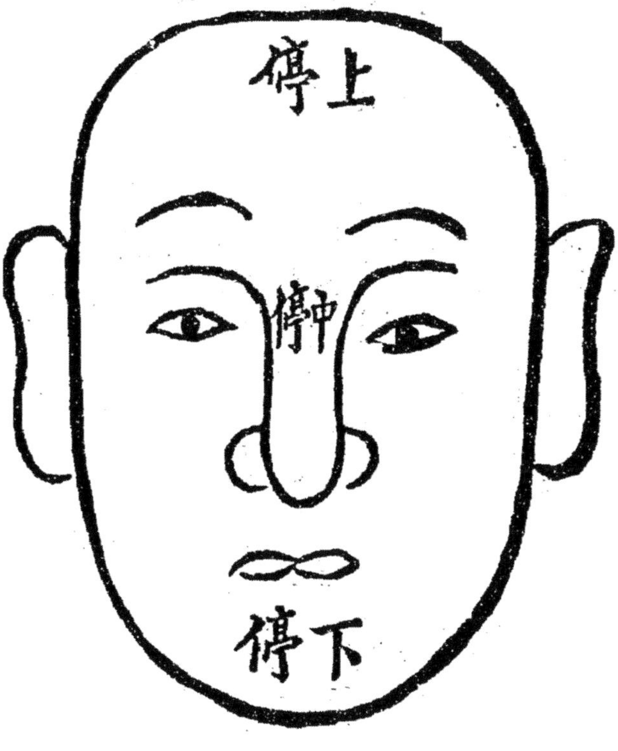

自髮際至眉間爲上停
自眉間至鼻爲中停
自鼻至頦爲下停

四學堂圖

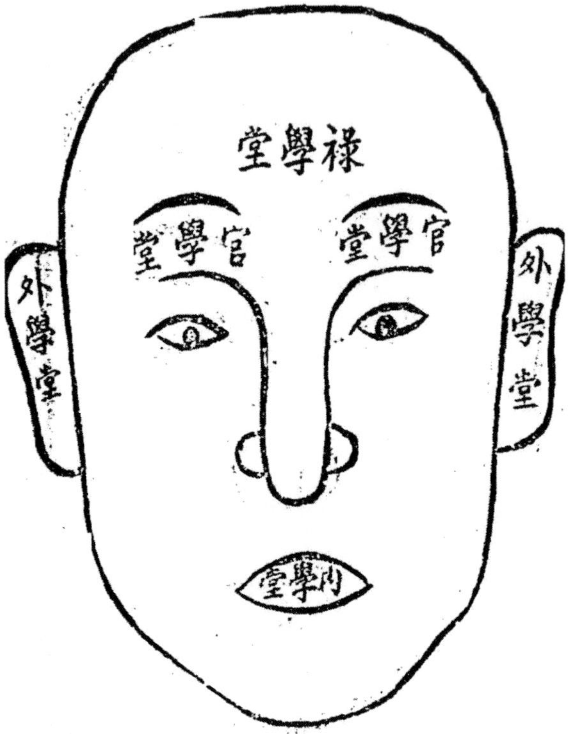

眼爲官學堂

耳爲外學堂

印上爲祿學堂

門牙爲內學堂

入學堂圖

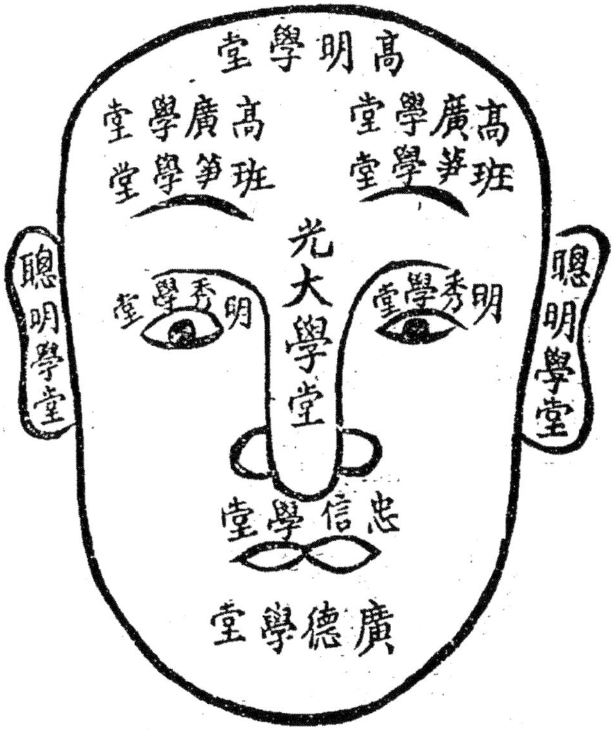

眉爲班笋學堂
眼爲明秀學堂
額爲高廣學堂
額上爲高明學堂
印堂爲光大學堂
口唇爲忠信學堂
舌爲廣大學堂
耳爲聰明學堂

四瀆圖

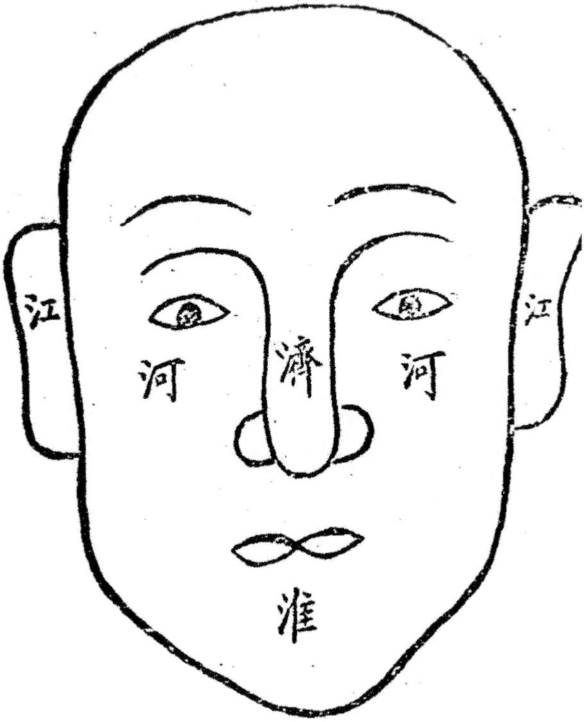

耳為江

目為河

鼻為濟

口為淮

五岳圖

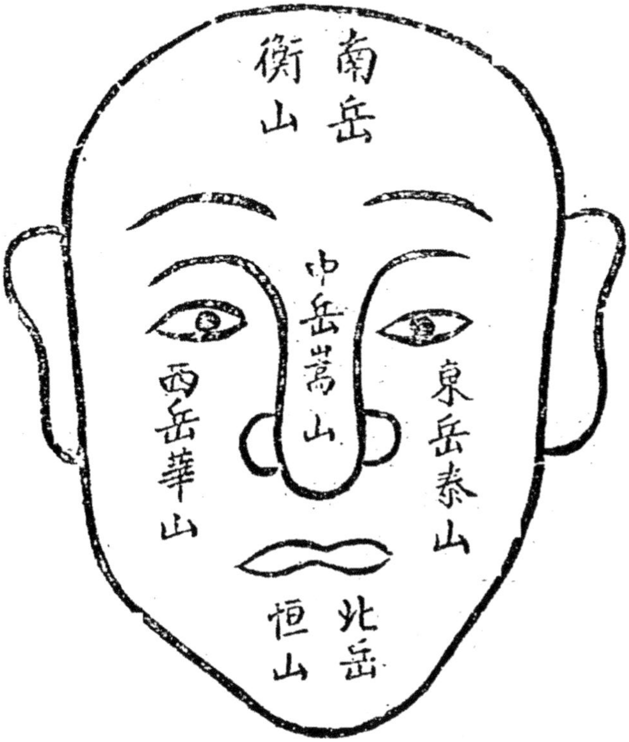

額爲南岳衡山

頦爲北岳恒山

鼻爲中岳嵩山

左顴爲東岳泰山

右顴爲西岳華山

五星圖

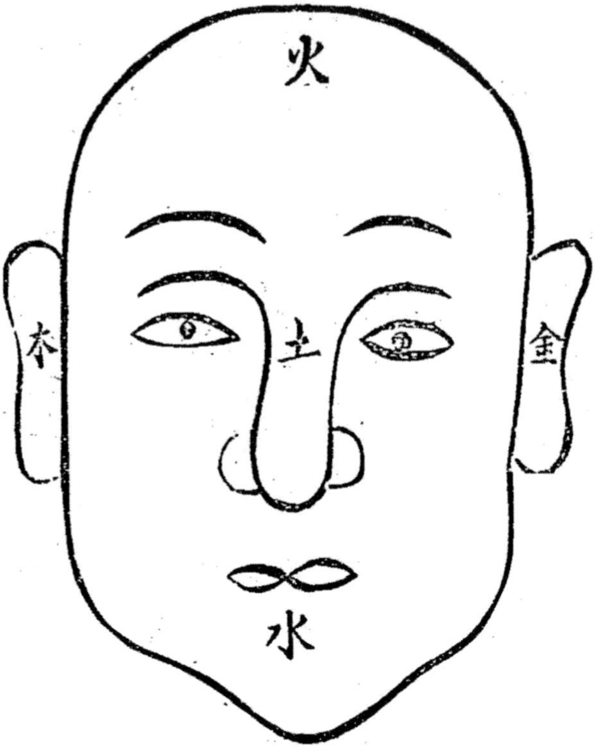

左耳爲金星

右耳爲木星

額爲火星

鼻爲土星

口爲水星

五官圖

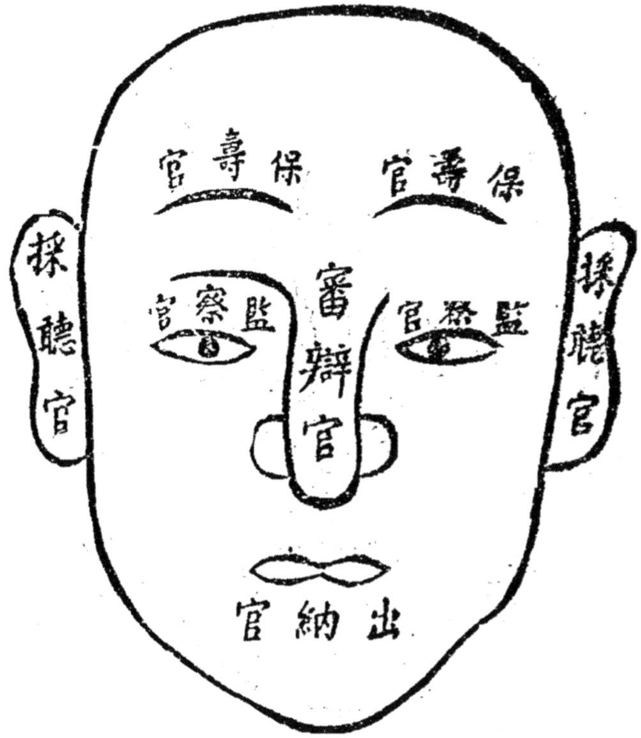

耳爲採聽官

眉爲保壽官

眼爲監察官

鼻爲審辯官

口爲出納官

六曜圖

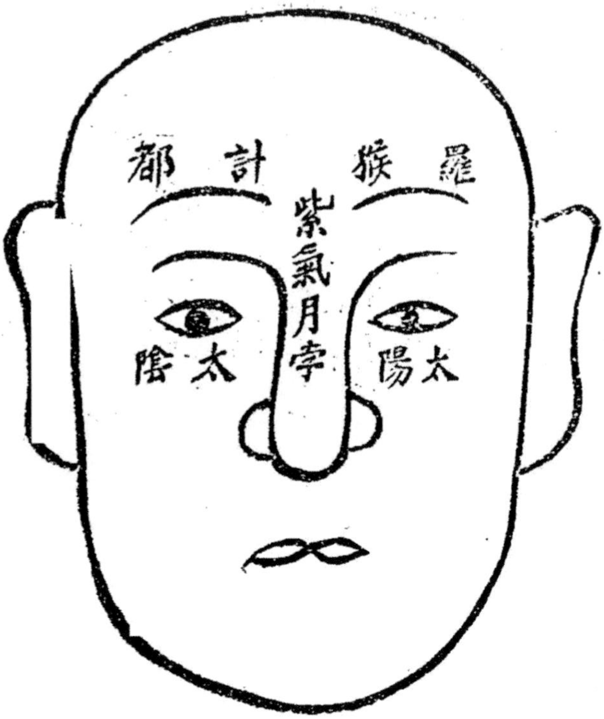

左眉爲羅猴星
右眉爲計都星
左目爲太陽星
右目爲太陰星
印堂爲紫氣星
山根爲月孛星

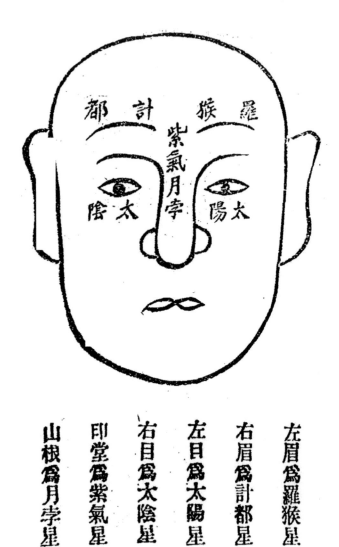

六府圖

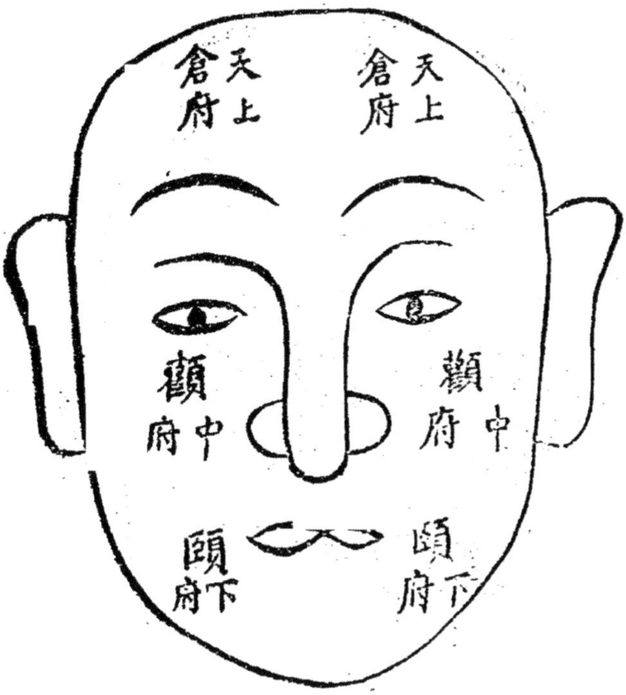

自輔角至天倉爲上二府

自命門至虎耳爲中二府

自肩骨至地閣爲下二府

八卦圖

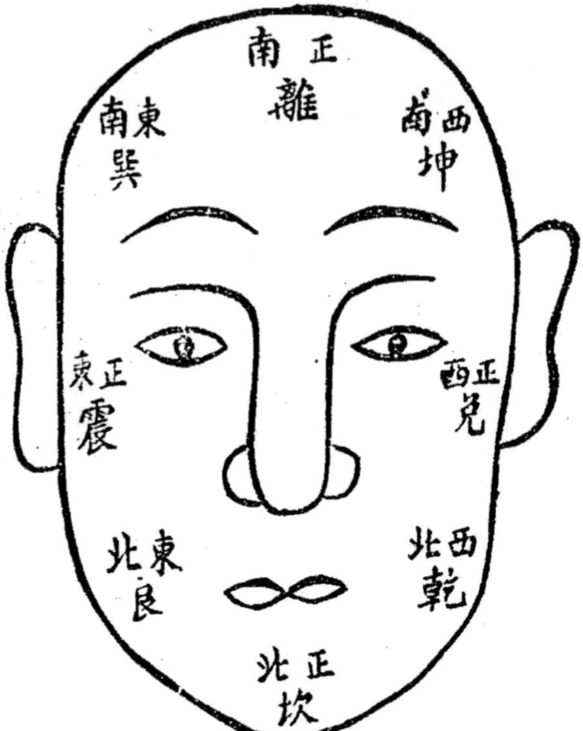

正南爲離
西南爲坤
東南爲巽
正西爲兌
正東爲震
西北爲乾
東北爲艮
正北爲坎

天干地支十二月令圖

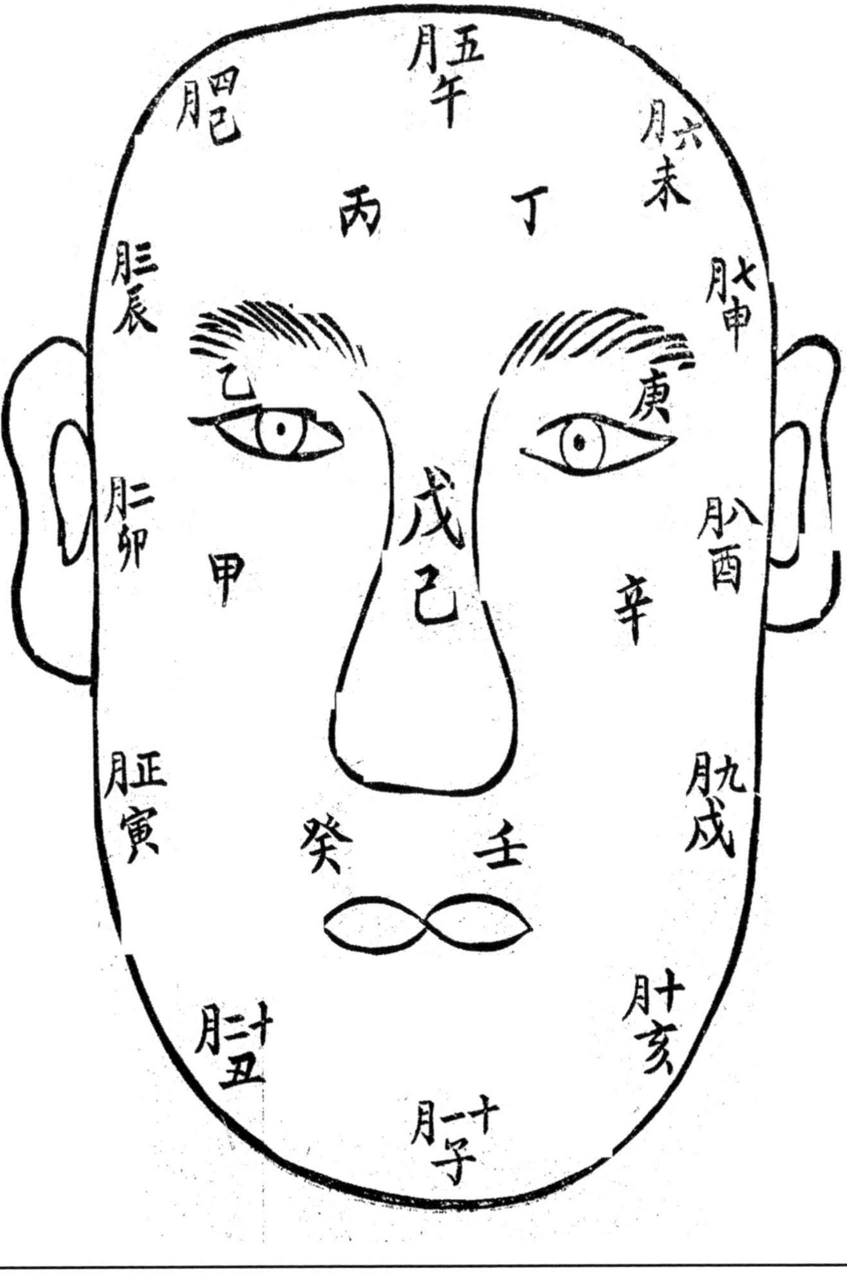

面部十三位總圖

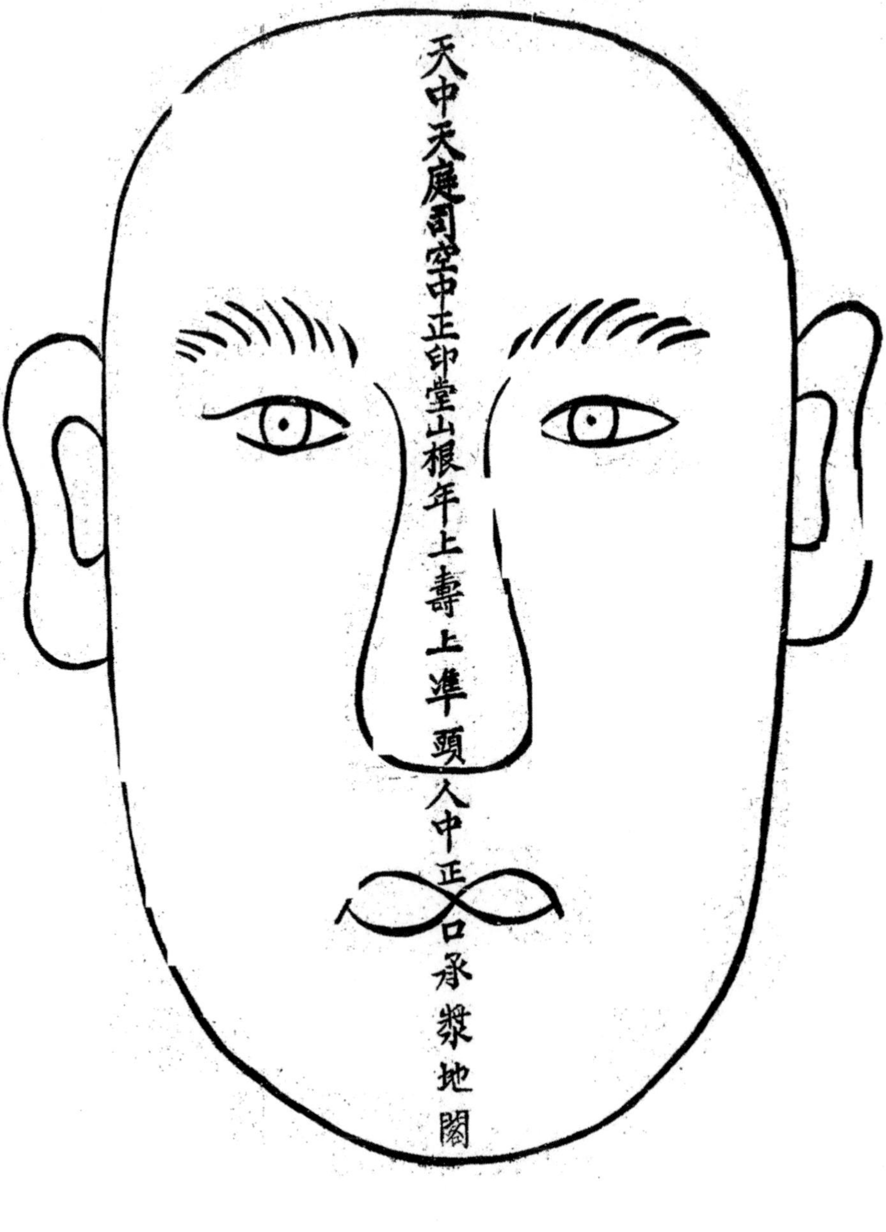
天中
天庭
司空
中正
印堂
山根
年上
壽上
準頭
人中
正口
承漿
地閣

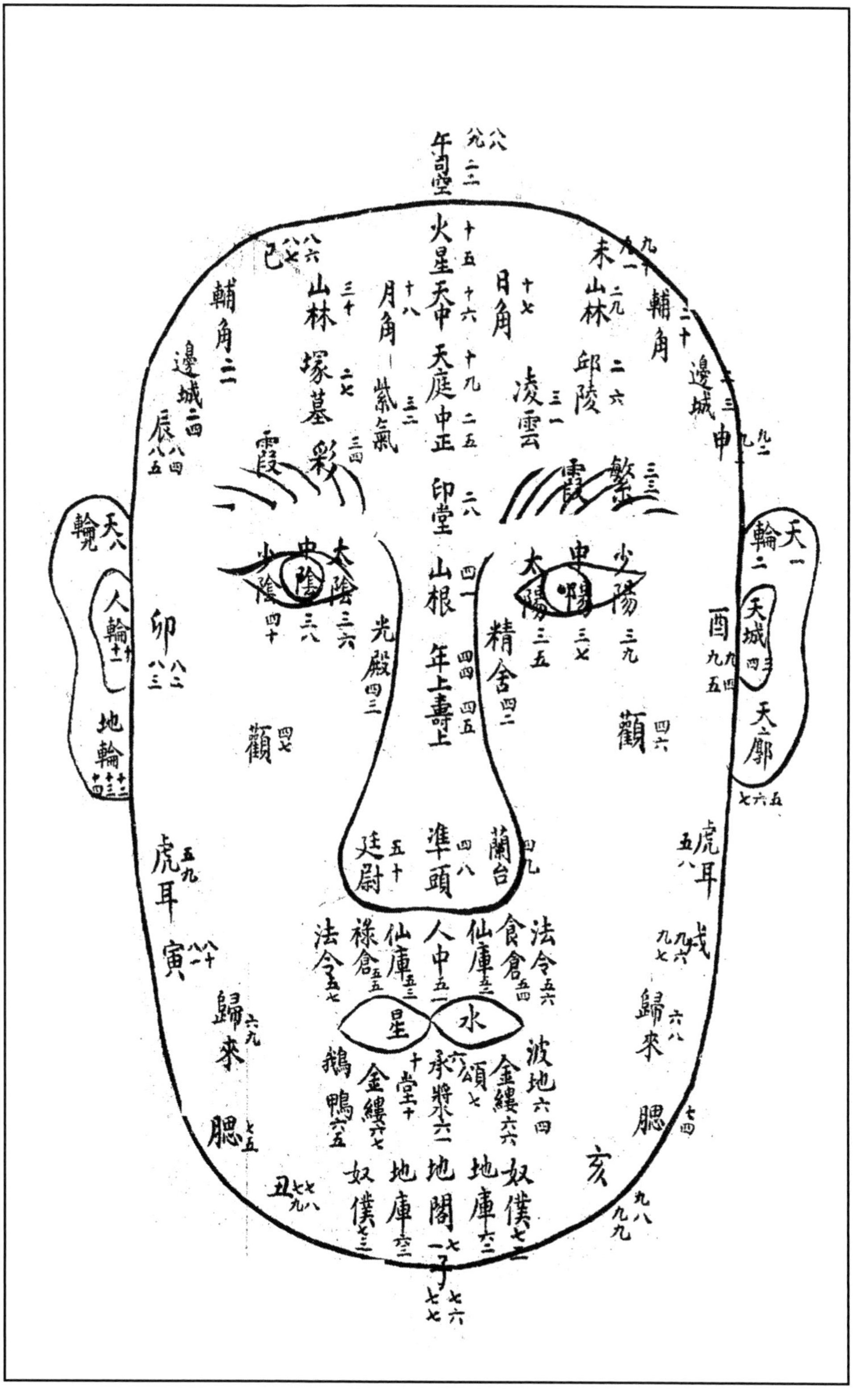
火星
天中
天庭
中正
印堂
山根
年上
壽上
準頭
人中
水星
承漿
地閣
日角
月角
輔角
邊城
山林
塚墓
紫氣
凌雲
邱陵
彩霞
繁霞
太陰
中陰
少陰
太陽
中陽
少陽
光殿
精舍
顴
天輪
人輪
地輪
天城
天廓
虎耳
廷尉
蘭台
法令
祿倉
仙庫
食倉
歸來
腮
鵝鴨
金縷
波地
頌堂
奴僕
地庫
午
巳
未
辰
申
卯
酉
寅
戌
丑
亥
子

九洲圖

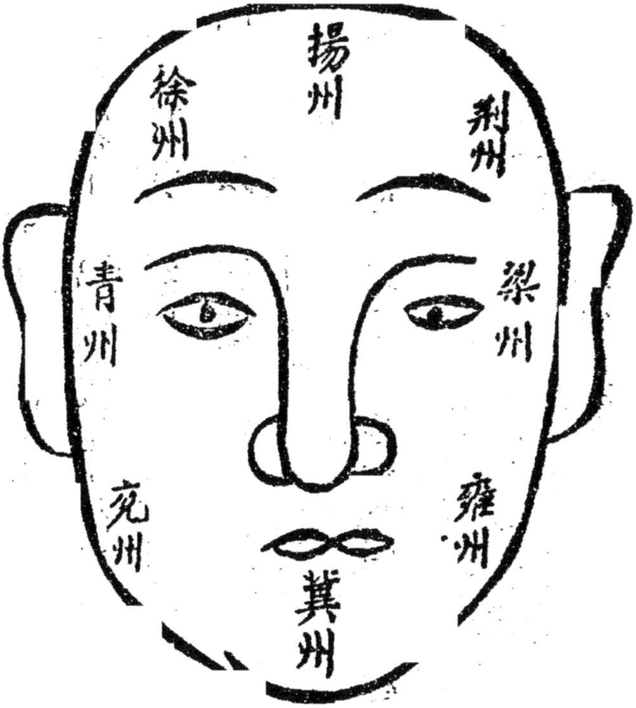

揚州：江南江西　浙江福建　廣東

荊州：湖廣　廣西　貴州

徐州：淮北

梁州：雲南　四川

青州山東

雍州陝西

兗州山東

冀州：山西　盛京

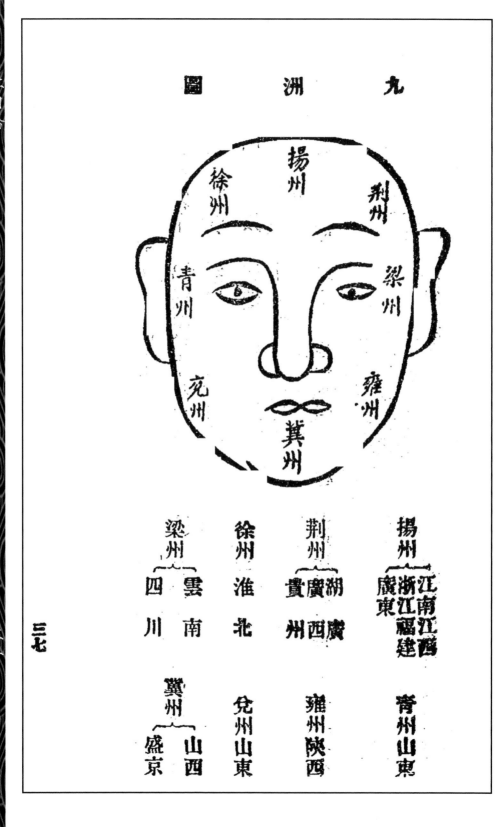

按以上九種分類，又可分別爲兩大系，一系本於先天造化，如三停，四學堂，八學堂，五官，六府，十二宮，十三位，以及六十年運氣部位等皆屬之，一系本於後天造化，如三才，五岳，四瀆，五星，六曜，八卦，九州等皆屬之，蓋古相法，以人者受精於父母，稟氣於天地，故以人爲本位，參以比引大地之法，即前者爲直接觀察，後者乃推想山河之脈絡，陰陽之造化，星辰之經緯，爲間接比引之觀察，亦即古代自然法發達所使然也，

第四節　頭觀察

頭爲一身之尊，百骸之首，頭之表徵如何，與終身榮枯休咎成敗得失，有至大之關鍵，分述於後。

一，頭方形

方形，原屬於金土混行，在先天生理，爲中層骨格筋肉血管系統發育旺盛之原因，先天性理，主剛勇堅忍，後天性理爲理解鑑識自我及自衛各性，此較發育之徵，頭方頂高者，又爲道念自我各性發育之徵，此種人有高尚之名譽

道德心，古相法曰，頭方頂高，尊爲天子，頂若高凸，貴極人臣。

二，頭圓形

圓形，原屬於水行，在先天生理爲內層吸收消化排泄系統發育旺盛之原因，

釋迦牟尼佛像

先天性理主仁厚，後天性理爲鑑識道念自美自衛愛情各性比較發育之徵，古相法曰，男子頭圓，必得富壽，女子頭圓，必得好子，頭圓頂高者，又爲道念性發育之徵，如釋迦牟尼佛之像，頭頂隆起，爲道念性發育顯著之徵，

三，頭尖形

爲理解鑑識及道念愛情各性發育缺陷之徵，此種人主無高尚之知識及感情，古相法曰，男子頭尖，終無成器，又曰頭尖無角，少年貧薄，又曰女子頭尖不旺夫，

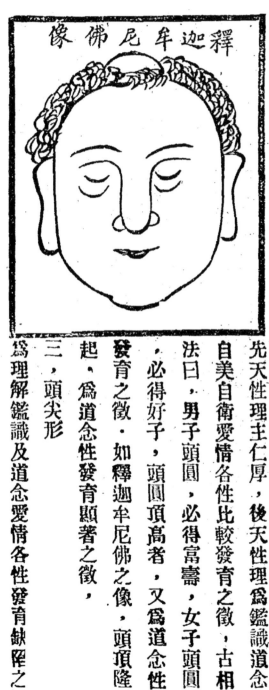

四，頭橫形

橫形，即顱顬葉之橫張，爲自我及自衛各性過分發育之徵，此種人，主兇暴强橫，試觀動物中，獸類如虎頭橫張，禽類如鷹頭橫張，故豪鷹搏兎，百鳥皆驚，狂虎出林，羣獸慴伏，蓋因其殘忍性成也，

五．頭長形

長形，原屬木行，爲觀憶理解鑑識及道念自我各性，比較發育之徵，此種人主多智，計謀多而成功少，能創業不可收成。

六，頭小形

小形，爲腦生理性理皆不完全發育之徵，此種人知識缺乏，感情卑劣，俗語罵人小頭鬼，蓋亦鄙其爲人行爲不檢也，古相法曰，頭不可小，頭小頸長，不貧則夭，不孤即賤

第二章　面

第一節　一般觀察

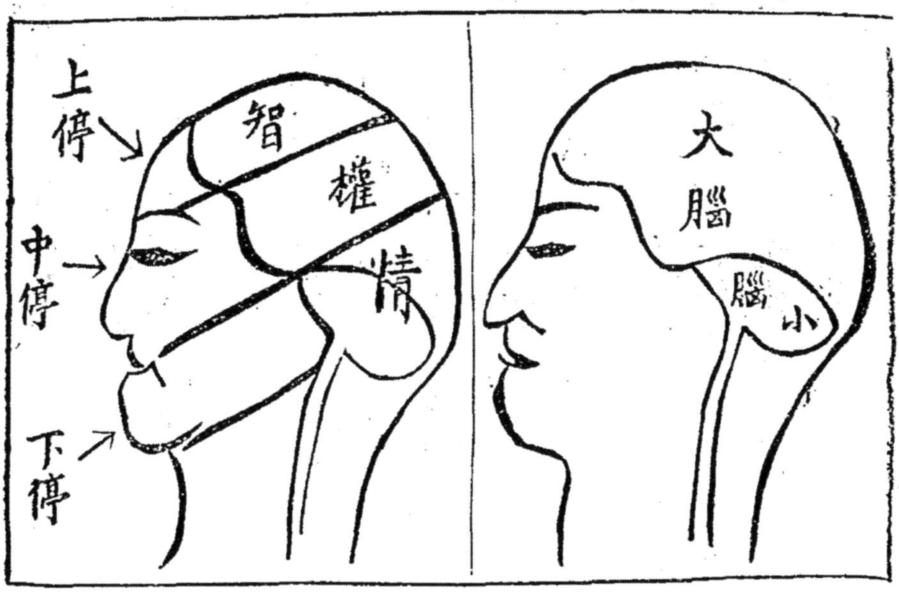

所與頭，同爲腦生理性理之表徵機關，概而言之，額葉及顱頂葉腦性理機能之表徵在額，顳顬葉腦性理機能之表徵在鼻在顴，枕葉腦性理機能之表徵在頦，蓋智的腦性能，如觀憶理解鑑識及道念自美各性，在額葉顱頂葉之下，權的腦性能，如自我及自衛各性，在顳顬葉之下，情的腦性能，在枕葉之下，故依智權情腦性能表徵之形狀如何，可推其心性，可斷其榮枯得失，古相法，觀察面相多注重上中下三停，上停主初年，中停主中年，下停主晚年，亦即本智權情之原理，而爲其心性及事業之推考也，就中三部性能，顳顬葉下之各性能，雖亦有必要，不可過分

發育，過分發育則不良，三部性能，如能平均發育，則智權情可期保和爲用，否則失牽制挹注及調節之力，均衡不保，虧陷立見，古相法曰，三停平等，富貴榮顯，三停不均，孤夭貧賤，又曰三停平等多衣祿，長短不差福不饒，故善良之腦性理機能與不善良之腦性理機能，互各發育，互各牽制，是保和之相，爲上也，善良之腦性理機能較多發育，是挹注之相，爲中也，不善良之腦性理機能過分發育，是虧陷之相，爲下也，所謂惡相者，即虧陷之相，以致流於強暴奸詐，無所不爲，試觀動物中顳顬葉最擴張者爲獅虎，耳飛，顴突，瞳豎，齒尖，故殘忍性成，羣獸震伏，耳輪向前者，又莫如犬，爲警戒性發育之徵，雖眼突小，故主機警，鷹視銳，視物如射，其性亦殘，其他如牛馬貓鴨之屬，頭額不分，或扁平，或狹窄，故其知感，亦僅只能於求生存貪食怕死而已，再推人生智權情之爲用，如前所述，實自然經過三大時期，幼時父母教訓，師長課讀，益友切磋，是爲青年脩智時期，立身社會，創事業，求功名，是爲壯年行權時期，及精力衰退，賦田園歸去，享兒孫天倫之樂，是爲老年終情時期，故勸勉於青年，正如春之播種，用其智發其力於壯年，又如秋之收獲，享樂景於晚年，如春播之勤，秋收之饒，冬雖不能播，亦可期安居樂業也，詩云，少壯不努力，老大徒傷悲，人生之境，固如此耳．古相法三停之察，與智權情之理，雖觀察點不同，誠有異途同歸之感，古相法，要皆本一生之經驗所得，實亦未可厚非也。

第二節　各個觀察

各個觀察法，可分六個格局述之，

一，三停平等，

三停平等，是智權情各性能，平均發育之徵，此種人，明達事理，見機勇爲，而又終能看淡名利，古相法曰．天庭高聳，少年富貴可期，地閣方圓，晚歲榮華定取，又曰官祿須看額廣平，又曰天庭方正位公卿．又曰鼻若豐隆高聳，則坐享富貴，又曰頦爲地閣．見末歲之規模，如所謂額部高聳，廣平方正．皆爲智的性能發育之徵，鼻隆聳，爲權的性能發育之徵，地閣圓滿，爲情的性能發育之徵，故三停能平均發育，取於智，成以力，終勝於德．宜其

一生福祿，嘗觀人之下場，有身敗名裂者，有名成業就者，要在晚年之德，所謂成敗得失，蓋棺定論也，

二，上停大，中停大，下停小。

上停大，智力較足，中停大，實行力强，下停小，情缺乏，此種人智力既足，實行力又强，倘無情以保和調節，用其權時，必敢作敢爲，盛至極，直衝而下，如暴虎憑河，死而無悔，間或慈母賢妻良朋益友爲諫，爲慾所蔽，忠言逆耳，一往直前，不顧左右，雖有用人之權，終歸於離心離德，其結果必失敗也。

三，上停大，中停小，下停大，

上停大，智力較足，中停小，實行力弱，下停大，情較足，此種人，富於思考推因，雖聰明，而乏實行力，更繼以情之牽制，多能言而不能實行，如成事不足，守舊有餘，以及高談闊論，虎頭蛇尾，游移不决者，皆此類人也，

四，上停大，中停小，下停小，

上停大，智力較足，中停小，實行力弱，下停小，情不足，此種人，雖富於思考推因，而乏實行力，又情薄，故迫於思考之一途，日臻發達，聰明雖極頂，多陷於淸高傲物之弊，或者終至玄想，好淸逸，厭俗塵，求仙拜佛，欲超塵世，蔴衣曰：山林骨起，終作神仙，此類人也，

五，上停小，中停大，下停小，

上停小，智力不足，中停大，實行力強，下停小，情缺乏，此種人，乏思考推因，而權力權利思想反旺盛，益以缺情，以補其陷：則僅有慾望而已，克已恕人之道，更說不到矣，所以有我無人，六親無緣，縱僥倖一時成功，亦終歸於失敗，如損人利己，寡情薄義，助紂爲虐，投井下石，忤逆不孝，以及虐待婢女及動物者，皆此類人也，

六，上停小，中停大，下停大，

上停小，智力不足，中停大，實行力強，下停大，情旺盛，此種人，情與權併發達，互相牽制，兼以智力缺乏，結果因循苟且，無遠大高尚之志，常居

人下，庸庸碌碌終其身而已，

以上所述三停平等以及上中下停之大小．乃對面部各部位之鈞衡，而爲比較之觀察，如根本失其鈞衡，或上停過大，或中停過小，或下停過大．則是畸形發育，又作別論也，

更本以上觀察法，所謂一般惡相者，又不外左記之貌相，

頭扁平，項尖．顳顬部突起，兩耳尖飛，眼小，眼突，下視，斜視，流視．偸視，銳視，或眼大帶赤縷，頦尖，腮露，齒尖，淩亂，

頭扁平，爲高尙智感缺乏之徵，項尖，爲道念性，缺乏之徵，顳顬部突起，兩耳尖飛，爲強硬破壞抵抗秘密生命等各性過分發育之徵，眼小而變態視物者，爲警戒秘密各性過分發育之徵，眼大帶赤縷及突出者，爲神經質性嗜動之徵，頦尖及齒尖淩亂者，爲缺乏情感之徵，腮露者，爲秘密性過分發育之徵，此類之人，多主陰險凶暴，狡毒不仁．

故犯罪人，亦依腦性理發育之狀況如何，而現出面部之種種表徵，此又所以從惡

相中，發見犯罪人相也．茲概述如後．

亂暴相

甲，性相

額偏平，後頭偏平，頭短橫張，眼大突出，或凹入，上視銳視，鼻大橫張．

腮露，耳部突起，耳尖，

乙．易於犯罪之種類

放火．毆打．殺人，傷害，強盜，恐嚇，侵害，脫逃等罪，

丙，性理

一，過發育性能

破壞性，強硬性，秘密性，生命性等，

二，不足性能

道念性，愛情性等，

貪慾性

甲，性相

面肥大、鼻尖勾，口大，唇厚，頦大、頸短，

乙，易於犯罪之種類

竊盜、侵佔，詐欺，賭博，藏物，等罪，

丙，性理

一，過發育性能

貯蓄性、抵抗性，秘密性，强硬性，持續性，破壞性等，

二，不足性能

仁惠性，正義性，名譽性等，

虛榮相

甲，性相

頷圓，眼大，流視，眉軟弱而垂，髮髭多，下唇大，鼻尖，耳大，

乙，易於犯罪之種類

姦淫，墮胎，遺棄，妨害婚姻家庭風化等罪，

丙，性理

（一）過發育性能

美麗性，愛情性，模倣性，秘密性等，

（二）不足性能

正義性，強硬性等，

陰險相

甲，性相

面長，額低平偏，眼小下視，鼻偏而短，口斜，齒尖，耳突，

乙，易於犯罪之種類

僞造，誣告，詐欺、背信，藏匿，妨害，秩序等罪，

丙，性理

（一）過發育性能

秘密性，構造性，警戒性，破壞性，模倣性等，

（二）不足性能

正義性，仁惠性，尊重等，

怠惰相

甲，性相

額小，頦大，眉粗散，鼻橫擴，眼小下視，

乙，易於犯罪之種類

鴉片，贓物，竊盜，浮浪等罪，

丙，性理

（一）過發育性能

生命性，希望性，模倣性等，

（二）不足性能

理解力，正義性等，

第三章　額

第一節　一般觀察

以論腦生理，額為前頭腦之第一第二迴轉部位，而腦性理，如鑑識理解觀憶三部之智的機能，亦即坐於此焉，依五感之覺，凡觀察，記憶，比較，推因以及直覺識別作用，均淵源於此，故額者，為知識之表徵機關，自大體言之，額部豐滿高聳，為發育完全之徵，虧損缺陷，為發育不完全之徵，所以依額部之形狀為何，可推察其智之優劣高低，再進可推及其事業之得失成敗，再進可論斷其榮枯休咎，古相法，所謂天中，天庭，司空，中正，日月角，輔角，邊城，山林，丘陵，塚墓各部位，皆在於額，麻衣曰，額者貴賤之府，此即智優則賢，智劣則愚之理

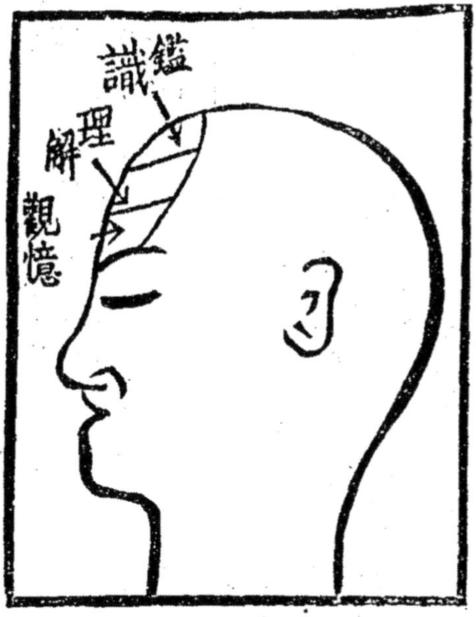

人生富貴貧賤，實發於斯，參以上停爲初主，爲一生發軔之始，可思過其半矣，

第二節　各個觀察

額部，可分平側兩面，平面又可分橫縱兩面，爲各個之觀察

甲，平面觀察的橫觀法，

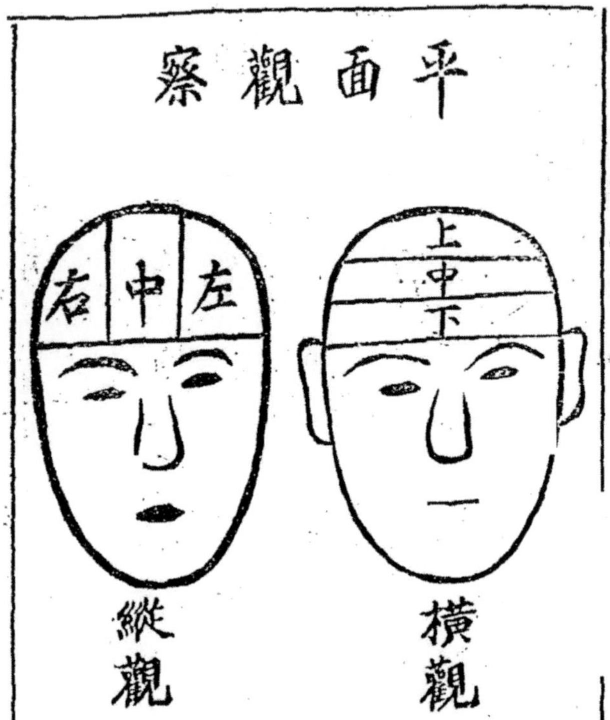

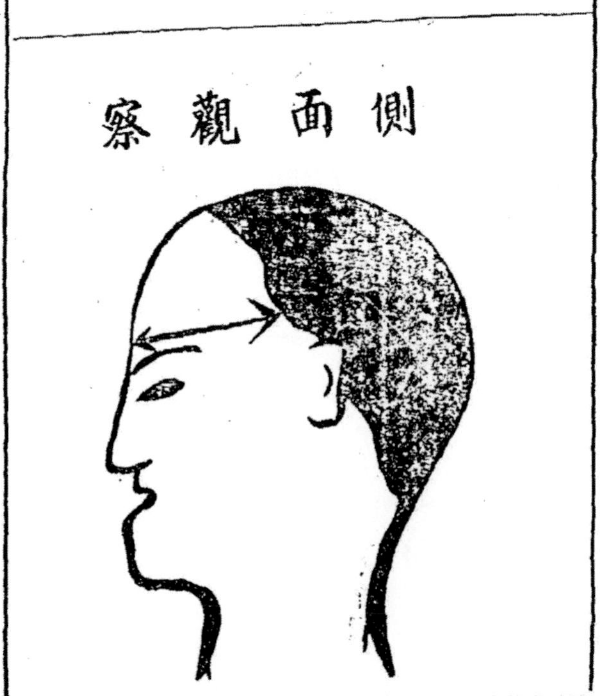

一，上部較中下兩部豐滿，直覺識別作用强，此種人，見事即解，不費思索如聰明通達，才識優長，以及過目成誦者，皆此類人也，

二，中部較上下兩部豐滿，比較推因作用强，此種人，富於推考判斷，有計謀籌畫之才，

三，下部較上中兩部豐滿，觀察記憶作用强，此種人，富於認識記憶，或長於計算，或長於音樂美術及手工技藝，或巧於言語也，

乙，平面觀察的縱觀法，

一，中部較左右豐滿，直覺識別及觀憶作用較强，此種人，聰明過人，應變敏捷，多爲發命令指揮之人，宜於將帥之才也，

二，左右兩部較中部豐滿，比較推因作用較强，此種人，多爲深謀遠慮之人，又宜於幕僚之才也，

丙，測面觀察法，

平面觀智力全部之廣狹，側面乃從立體，觀智力全部之深淺，其法自右眉頭

向耳髮際觀看，比僅從平面觀察，又較確實也，

第四章　耳

第一節　一般觀察

一，耳生理

耳爲聽覺器，連接聽神經，聽神經又傳達於聽中樞，聽力之强弱，與腦髓廻轉部相關連，故耳與腦髓，實有併行發育之關係，故觀察其耳，可推測其腦，其法，兩耳相合則爲腦形，耳長腦髓長，耳圓腦髓圓，耳廓整齊、天輪與垂珠俱良，其腦亦必發育平均無缺，反之耳有缺陷，或呈變態形，則腦有缺陷，爲遺傳不良之徵，故耳雙方有大小之別者，其父或母之有故障，必居其一焉，

二，耳性理

耳位於頭蓋骨之顳顬葉，在顳顬葉之部分，所謂腦性機能者，有生命性，飲食性、貯蓄性，構造性，警戒性，秘密性，破壞性，抵抗性等，易言之，鄙

自衛性中樞也，其關連於前頭葉者，有音調模倣自美各性能，關連於後頭葉者，有愛情性，關連於顳顬者，有自衛各性，故覺資自身之保護及營養，如飲食生命等注意之自覺作用。爲初生兒最必要者，次乃爲抵抗破壞收藏慾望及情愛諸性之漸次發達，至高尚智力及感情（道念性）之發達，比較遲晚，古相法曰，英雄豪傑耳長大，耳小之人，腦生理腦性理之發育，均爲不良之徵，故意志不鞏固，無大丈夫氣，缺自信力，不能敢作敢爲。

三、耳與發育

耳先天的發育，指在母胎發育而言，後天的發育，指在出生後發育而言，蓋兒在胎內，如樹之葉、花之芽，發育最早者爲兩耳，生產後發育最早者，亦爲兩耳，此觀兒童學話，先聽後說之理可知。如遺傳良好，先後天發育亦良好，耳亦必平均發育，故觀耳平整美滿，可斷其父母健康，若耳小皺枯，或有缺陷，非先天父母有故障，卽母體衰弱，故亦可斷其母體衰弱多病，或已死亡，古相法論六十年流年運氣部位，以耳爲行運之始，亦卽本於此理而已．古相法曰，左右垂珠者，聰明富貴．長者壽，有骨者貴，無肉軟薄者貧夭，輪飛無廓者，尅父母等等，蓋亦從先後天形質的發育不良，推斷其榮枯休給也，

四，耳與遺傳

神經質之耳，上大下小，形如三角，兩耳相合爲梨形，此種人身體多弱，長於學問音樂美術，筋骨質之耳，長而起輪廓，身體健康，精氣旺盛，嗜活動營養質之耳，圓而肉豐有垂珠，身體健康，則次於筋骨質，精氣欠旺盛，能忍耐，好安樂，本此遺傳之理，因父母之形質如何，而賦其定形也，倘耳有顯著之缺陷，即爲遺傳不良，或兩親身體有故障，或因父母任何一方生理上起變態，或因妊娠間母體營養不足，或因妊娠間母之感情上有急劇之變動等，皆足以影響於遺傳也．古相法，論兒在母腹，擘拳掩耳，故世之呼遠孫者，亦稱爲耳孫，又曰耳無輪則孤，輪飛無廓尅父母，薄小短缺，黃黑枯槁，爲短命識淺鄙薄之人等等，皆從遺傳爲立論之點，細考究之，猶不難領會焉

五，耳與運命

人之五官，能動者爲口鼻眼眉，獨耳千萬人中，鮮有一人能動者，但顏面之動，莫不由於意志，易言之，卽口鼻眼眉，在意志監督之下動之，耳則爲意志監督以外者，因先天的遺傳與後天的發育等關係，故相理以耳主司運命，又以耳終身不動，遠可觀其祖業，中可觀其父母，近可觀其本身，古相法，論耳以聰明富貴壽考爲結論之點，蓋亦本乎斯理焉，

六，耳與動物比較

禽獸之耳，亦與腦併行發育，惟禽耳小，而不易識別，獸類之耳，則發育較顯著，如犬馬耳輪皆向前，易聽前面之聲息，鹿兎之耳，皆長大向後，容易接觸四方之聲息，安靜之時，兩耳垂後，稍有聲息，則竪耳而聽，立卽逃匿，獅虎之耳尖飛，是又犬馬之警戒性，鹿兎之生命性，獅虎之破壞性，各有自然適於生存之發達也

第二節　各個觀察

一，位於眉鼻之間，長厚豐滿，

為先後天發育平均之徵；為正形，主智主壽，

二，耳有垂珠，輪廓豐滿，

為情的性能發育之徵，主物質上之運命，

三，輪廓分明，堅硬有骨，

為智的性能發育之徵，主精神上之運命，

四，高

為智力過分發育之徵，主聰明高尚，

五，低

為智力不足之徵，主卑劣，破祖業，

六，小

為智權情皆不足之徵，主胆小，主貧賤，

七，偏薄

爲情缺乏之徵，主寡情薄義，

八，尖反突飛

爲自衞性過分發育之徵，主凶暴殘忍，

九，腔大

爲强硬性發育之徵，主忠實鯁直，

十，腔小

爲秘密性發育之徵，主詐謀陰險，

第五章　眉

第一節　一般觀察

毛髮，爲血的變形，深入於皮內者曰毛根，伸出於表皮者曰毛幹，其杪曰毛尖，根深入膚際，終於毛囊，毛囊之底，則有微血管，以司毛髮之營養，故毛髮之濃稀潤枯，純關於全身血液之强弱及循環力之如何，神經質之人，皮膚神經系統發育强，血管系統發育弱，毛髮較薄，筋骨質之人，血管系統發育强，毛髮濃厚，

營養質之人，消化系統發育獨強，血管系統發育弱，毛髮更稀薄，此爲眉生理之大概也，

眉生於額葉部之直下，又與腦性理發育，即與知識感情意志各性能，有密接之關係，故依眉之秀亂順逆長短粗細，又不難推及其文野賢愚與壽命長短也，眉之於目，猶草木之於山林，草木鐘山林之秀，雙眉爲兩目之華，人之高尙智感，眉實爲重要表徵機關，故非人無濃厚優秀之眉，試觀動物中，猿猴微見有眉，愈下等動物，僅見痕迹，或竟無眉也，

第二節　各個觀察

一，端正秀潤灣如新月

爲先後天平均發育之徵，爲正形，主英明，

二，濃稀粗細

濃粗——爲血管系統發育之徵，主剛勇堅忍，

稀細——爲血管系統發育不足之徵，主懦弱仁厚，

三、秀亂順逆

秀順——爲智的性能發育之徵，主賢明，

亂逆——爲智的性能發育不足之徵，主愚劣凶暴

四，豎垂長短

豎——爲權的性能發育之徵，主强硬橫暴，

長垂——爲先後天生理發育之徵，主壽

短——爲先後天生理發育不足之徵，主短壽，

五、曲旋交離

曲旋——爲自衛性過分發育之徵，主亂暴，

交離——爲道念性發育不足之徵，主情雜，

六，高昂壓蹙

高昂——爲智的性能發育之徵，主剛毅果敢，

壓蹙——爲智的性能發育不足之徵，主庸碌懦弱，

七，光潤暗滯

光潤——為生理營養旺盛之徵，主境順，主健康，

暗滯——為生理營養不足之徵，主境逆，主多病，

第三節　遺傳

一，眉頭眉尾之遺傳

眉頭為感情之遺傳，亂為感情綜錯之徵，眉尾為智力之遺傳，亂為智力缺乏之徵。古相法曰，尾頭交錯，兄弟各屋，又曰眉角入鬢，為人聰俊，又曰，眉生兩角，一生快樂無窮，

二，兩眉不齊之遺傳

兩眉不齊，為父母血性不良，或父母年歲懸殊之徵，此種人主感情錯亂，運勢不足，事不成望成，已成則又得隴望蜀，古相法曰，二眉散亂，須憂聚散無常，又以父母血行不良之原因，又主父母早年刑尅．古相法曰，左眉旋者父先尅．右眉旋者母先尅，又曰．眉毛一半生上，一半生下，主父母惡死，

三，眉與長次子之遺傳

眉頭平而順者，爲長子，眉頭灣而亂者，非長子，前者爲初婚父母血行良好時期所生之徵，後者次之，古相法曰，以眉爲兄弟宮，又曰濃而順生如一字者，兄弟雙吉，逆生不豐者，兄弟凶，蓋亦以眉之遺傳，上推及其父母之血行及身體之强弱，下又推及於兄弟也，

四，眉之分量遺傳

眉之形狀，又可推及其父母遺傳之分量，每每溫良女子，而有父遺傳之粗廣之尾，因男性强，終至壓迫丈夫，振其權威、又堂堂男子，而有母遺傳之柔秀之眉，故又男相女性，無丈夫氣，一生終居人下也，

第六章　眼

第一章　一般觀察

眼分三層，自角膜至鞏膜爲外層，角膜內有虹彩，中央有瞳孔，其後方接毛狀體爲黑色，而富有血管之脈胳膜，是爲中層，脈胳內側爲網膜，爲視神經分布之處

，其後壁之正中，有黃斑，有盲斑．是爲內層，吾人之視線，即光線由空氣中通過角膜水液體水晶體玻璃體，映物象於網膜，更經視神經，達大腦的性理機能，所以能盡吾人種種識感之用，又人之精氣神之表彰，主在眼，古相法曰，寐則神處於心，寤則神依於眼，觀眼之善惡，可以見神之淸濁，故眼者，實爲心性表徵機關，察人心邪正，又莫不以眼爲捷徑也，

第二節　各個觀察

甲，眼狀

一，秀正光潤．黑白分明，

爲先後天平均發育之徵．爲正形，觀察力，理解力，記憶力，有同等之功用．主賢明

二，眼大而凸

爲自我性發育之徵，主剛暴，又以水晶體凸度過甚，視界擴大，觀察力强，理解力與記憶力則較弱．此種人．爽快慷慨．視物讀書．求急於觀

察，不求深解，每每閱過即忘，暗誦之事，非其能也。

三，眼小而凹

爲自衞性發育之徵，主沈着多疑，又以水晶體凸度較小，視界狹隘，觀察力弱，理解力與記憶力則較强，此種人視物讀書，能細心觀察，一經觀察淸楚，同時理解記憶，暗誦之事，是其能也。

四，眼小短促

爲智力不足之徵，無高尙之智感，古相法曰，主賤愚

五，眼長帶秀

爲智力及道念性發育之徵、主聰明溫和，

六，眼小帶秀

爲智力不足及道念性發育之徵，主懦弱多情，

七，眼尾垂者

爲偶愛性戀愛性發育之徵，主多淫，如妻之身體，劣於夫者，終爲其所

𧾷也，古相法曰，眼尾垂者，夫妻分離，

八，眼尾逆者

爲自我及自衛性發育之徵，主剛强凶暴，

九，眼瞳迴轉度强者

爲念欲複雜之徵，此種人，欠決斷，主無信，多計謀也，

十，眼瞳迴轉度弱者

爲念欲單純之徵，性沈着，此種人，比較有決斷，忠於人，忠於事也，

十一，眼瞳偏上眼下露白謂之下三白

爲秘密性過分發達之徵，主陰詐，竊盜犯，多此眼，

十二，眼瞳偏下眼上露白謂之上三白

爲破壞性過分發育之徵，性凶暴，殺人犯，多此眼，

十三，眼中多赤縷或黃瞳者

爲神經系發育或多血之徵，主嗜動或性强，或多慾望，但因飲酒之赤

續・又作別論

乙、眼視

一，平視，爲智力發育之徵，若眼瞳少轉移者，主誠篤善良。

二，上視，爲自我性發育之徵，主驕慢，志氣豪邁，輕世傲物，若眼瞳不時轉動者，必暴戾。

三，下視，爲智力不足及生命警戒秘密戀愛各性發育之徵，主庸碌，陰毒，姦淫，下視而光促者，心必有憂，

四，斜視，爲秘密警戒各性過分發育之徵，主心術不正，狡毒，妒吝，好人財物，眼瞳不時轉移者，機詐百出。

五，偸視，爲秘密戀愛各性過分發育之徵，主奸淫，

丙、眼神

一，光潤神足，主有高尙智感，

二，含薄不露灼然有光者，主溫良和氣

三，光薄帶滯者，主愚劣，

四，光脫神露者，主剛勇凶暴，

五，光斂有力者，主嗜動，

六，光鈍無力者，主嗜靜，

七，光昏如醉者，主無理解，

八，光昏如睡者，主懦弱膽怯，

九，光流神泛者，主姦邪淫盜，

第三節　動物比較觀察

禽獸鱗介昆蟲之目，有平突軟硬之別，又雖有在水在山，入雲入土，極大極小，晝出夜伏之不同，然又各適其生存而為用也，如貓虎之類食肉，晝伏夜出，眼瞳長豎，舒縮取光，故有如鏡如線之別，牛馬之類食草，其眼瞳橫長，兎鼠因目睛高突，前後可觀，鰍鱔能入泥土，目外有堅罩也，雄鷄日見而夜盲，蝙蝠夜見而晝瞑，魚目平睫，而珠堅圓，故宜於水，蚊目小如塵，亦知光暗，鷹鶻高飛雲外能俯窺地上微物，如在嘴吻之間，鯨魚之目，底殼堅厚，故出入深淵，而猛水洪濤，擊目無害，牛馬各畜，常行沙塵之中，傷目最易，乃有揉睛肉一片，以司拭抹，使萬類目力，各得其宜，古相法，嘗比引動物之眼，推及於人，爲比較觀察，此依理論之，實亦不無可究之點，蓋人本由下等動物進化而來，其生理性理，自有多少共通之點，有頭有眼，有身有足，能飲食，能呼吸，能消化，能排泄，是爲生理共通之點，食欲，生命欲，情欲，警戒欲，所謂貪生怕死飲食男女，又爲性理共通之點，故比引之說，雖不可一概而論，確亦有至理存焉，試言之，獅眼虎眼主威剛，鷄眼鼠兒之眼主機警，蛇眼狼眼主陰毒，牛眼主慈和，馬眼主忠直，鹿眼主性急，猿猴眼主疑詐輕狂，鷹眼主貪，鴿眼主淫，

第七章　鼻

第一節　一般觀察

鼻自生理言之，爲嗅覺器，鼻孔上部，有嗅覺器官，中藏有特別之神經細胞，曰嗅細胞，此嗅細胞中，嗅神經之末梢纖維，分布與大腦相通，種種物質氣味，隨

從吸入之空氣，達鼻腔的嗅部，刺激嗅細胞，再由嗅神經，傳入大腦中樞，發生知感，故嗅覺之銳鈍，於腦性理併有至大之關係也，自性理言之，鼻關連於顱頂葉及顳顬葉，爲自我性自衛性之表徵機關，古相法論鼻，多以主壽主富貴爲歸宿，所謂壽者，由於性理之觀察，蓋鼻爲呼吸器之第一門鑰，苟鼻之發育不完全，形成塌陷斷折之狀，則呼吸生障碍，血行生障碍，影響於呼吸消化營養，卒使陷於多病及不健康之狀態，古相法曰，鼻爲肺之靈苗，須要端正聳直，又試觀吾人因感冒，鼻腔閉塞，引起頭痛者有之，或因香氣感覺，引起食慾者有之，引起愉快者有之，具見嗅覺與腦與肺，均有密接關係，嗅覺利鈍，又與生理的呼吸營養，血脈流通，及性理的知感發育有關係，所以可推測其壽命，古相法，以年上壽山看壽，亦本乎此理而已，又所謂貴者，由於自我性，富者由於自衛性，各與高尚之智力，相輔發育之故，大凡財祿窮通者，多半富於智力及慾望，而能合理的成就耳，又慾望，幼年弱，老年減，獨旺盛於中年，試觀小兒襁褓之時，鼻多平塌，嘗見其母，以手揑其鼻樑，意在常揑，可使之漸高，其不知小兒鼻塌，是在無慾望，隨年齡及慾望之增高，鼻亦爲自然之發育，人至中年，爲鼻最發育時期，迨老年，又反形萎縮，面之五官，鼻居其中，誠如車軸，爲全輪之樞紐，關鍵甚大，且又在中年發育，故觀軸之强弱優劣，則全輪之氣勢，又不難推察矣，

第二節　各個觀察

一，高隆端正

爲先後天平均發育之徵，主富貴，

二．破缺偏曲

爲先後天發育不足之徵，主失敗，宜於保守，

三，短促空浮

爲智情性能欠缺之徵，主愚笨，

四，單薄尖勾

爲警戒秘密貯蓄諸性過分發育之徵，主陰險多貪，

五．山根平滿

爲智力充足之徵，主貴，
六、山根低陷
爲智力不足之徵，主敗，
七，年上壽上隆高有肉
爲生理發育之徵，主壽，
八，年上壽上缺陷無肉
爲生理發育不足之徵，主早亡，
九，準頭圓肥光潤
爲貯蓄構造各性發育之徵，主理財，
十，準頭肉堅
爲自我性發育之徵，如智力發育，主興家，
十一，準頭掀露
爲道念性自我性發育不足之徵，主愚孤，

第三節　動物比較觀察

動物無高尙智力及感情，所謂道念性自我性皆缺乏也，故雖有鼻，以觀人鼻之威嚴優美，則懸殊特甚，惟禽獸之鼻，比人較長，其嗅覺，亦較人爲敏，如獵人捕鹿，必向逆風而往，恐其遠覺逃避，犬尋其主，遇人嗅之，今日警犬，對於逃犯雖曲折繞行，猶能嗅覓其蹤跡，其他如蒼蠅之類，皆以嗅覺而求食物，然人亦有嗅覺極發達者，北美某州，咖啡店中有一侍者，嗅覺靈敏，來客衣服，胥歸其收藏，行時一一檢交，雖多不紊，如有顚倒雜亂或衣色長短相間，不易識別者，渠就而嗅之，即可認識無訛、又聞陸宗輿氏，嗅覺亦敏，幼時就塾，輒先在庭院嗅空氣，覺有雨意，必携雨具而往，鄰兒或非笑之，然果不數小時即雨，人咸神之，其不知嗅覺之銳敏也，

第八章　顴

第一節　一般觀察

顴如耳如鼻，亦淵源於顱頂葉顳顬葉，爲自我自衛自美各性之表徵機關，而耳鼻

顴，皆位於面之中部，表於耳者多主名，表於鼻者主富，表於顴者主多權，此又爲古今觀察共通之點，權者意志之實行力也，人至三十以後，智識漸足，意志漸固，欲念亦從而發達，欲者，綜別之，約分八種，夫婦之情色欲也，營生之計財欲也，權利之榮勢欲也，爭角之才勝欲也，交接之誼友欲也，聲聞之好譽欲也，見聞之想識欲也，作爲之事行欲也，此八者皆爲人生所必有，而貫徹其欲，又非有幾分之强硬性不可，從未聞無丈夫氣，而能成名立業者，惟權之用，貴在得手，中庸之道，縱之卽爲貪，反足以敗其身，故顴主一生之權勢，司中年之榮枯，關係極大，觀察尤要在以鼻爲配，以面爲衡，更可期正確也，

第二節　各個觀察

一，前方隱凸

爲自我性發育之徵，有相當之實行力，主權勢，占相法曰，主暗權，此種人先愼思而後行，不走於絕端，

二，側方橫張

爲自衛自我各性發育之徵，有强硬之實行力，主權威，權勢，權力，此種人，敢作敢爲，一念卽行，不計其成敗也，

三，高

爲自衛性過分發育之徵，主凶强，

四，低

爲生命飲食各性發育之徵，主庸懦愚劣，

五，平

爲自衛性發育不足之徵，主實行力弱，

六，流

爲情的性能發育之徵，主懦弱無能，

七，顴好目昏

爲智力不足之徵，有權不能行，占相法曰，顴縱好，一生爲人作嫁，

八，顴好印陷

爲智力不足之徵，主失敗，古相法曰，無印綬，無大權，且有風險，

九　顴好鼻塌

爲貯蓄警戒各性發育不足之徵，此種人有實行力，而無財慾，終是兩手清風

第九章　頦

第一節　一般觀察

頦淵源於枕葉，爲情的性能之表徵機關，忠孝仁愛之美德，莫不由於情之發動，因情表彰於頦，故可斷晚年之榮枯休咎，古相法曰，承漿地閣管盡末年，又曰北嶽尖陷，末主無成，此皆言情與晚年之關係也，蓋智權情三者，智得之於青年，權行之於中年，而人生數十年，能圓滿平順，收場於晚年者，惟在情而已，情惟人類最發達，此亦卽所以異於禽獸也，孝父母，愛子女，愛及萬物，是慈愛之情，愛國，愛鄉，愛廬墓，愛家室，是住愛之情，愛兄弟，愛朋友，愛同胞，是友愛之情，篤伉儷，是偶愛之情，可見人生於世，始於情，終於情，桑榆晚景，正

應全天性，收成以德也

第二節　各個觀察

一，正形

廣方形，爲愛情性自衛性發育之徵，主剛情，

廣圓形，爲愛情性道念性發育之徵，主柔情，

二，變形

「後退形」
「尖突形」爲愛情性發育不足之徵，主寡情，

三，口唇突出

爲愛情性發育缺陷之徵，主下等嗜慾，

四，口唇潤厚

爲愛情性發育之徵，主感情旺盛，

五，口唇狹小

爲愛情性發育欠缺之徵，主薄情，

六，口角朝上

爲自衛性愛情性發育之徵，主剛情，

七，口角朝下

爲警戒秘密性發育之徵，主偏情．主詐謀，

八．口大或厚或方

爲自衛性發育之徵，主胆大．主富貴，

九，口小或薄或尖

爲自衛性發育不足之徵，主胆小，主貧賤，

十，人中深厚

爲配偶性發育之徵，主多子或壽，

十一，人中平薄

爲配偶性發育不足之徵．主無子，古相法曰，人中主心性，長而深．溝洫之象也，溝洫疏通，則水流而不壅，淺而不通，則水壅而不流，試觀其十三部位之氣勢，是否直貫而已，故主子主壽。

十二，齒大而齊

為愛情性及血行發育之徵，主溫和

十三，齒短不齊

為愛情性及血行發育不足之徵，主乖張，

十四，齒尖凌亂

為自衛性發育之徵，主凶暴，

十五，舌方

為愛情性自衛性發育之徵，主剛，

十六，舌圓

為愛情性發育之徵，主柔，

十七，舌尖

為秘密警戒各性發育之徵，主陰險，

第十章 色

面色，大別之，可分性理色，生理色兩種，性理色，爲先天所賦與，如筋骨質膽液質屬白或黃，神經質屬靑，營養質屬黑，生理色又有三種（一）氣節色，（二）營養色，（三）疾病色，氣節色，由於氣溫之變化，依氣節而表現，如濕主黃，寒主白，燥暑主赤，風主黑等、古相法曰，運氣，運者，即金木水火土五運，氣者，即風火暑濕燥寒之六氣，葢以五化之運，六變之氣，周流於天地間，而人囿於兩者之間，具五臟六腑，禀其氣運，以應其變，彰於色，因可察其色，而推及其吉凶禍福，即根據之點，要在就氣節與營養兩色，爲連帶之觀察也，以論人面，因氣節變化及營養榮枯，確有一種正色，如春季多雨，面帶靑色，夏季日烈，面帶赤色，是爲氣節之正色，營養順調，心神愉暢，面現明潤光澤，是爲營養之正色，反之非營養不良即有病，所謂疾病色也

性理色，淵源於先天生理，苟後天不起生理變化，終身不易，氣節色，依季節及氣候而變化，營養色，臟腑爲氣色之根本，臟者藏也，藏諸神而精氣流通也，腑

若腑庫，出納轉輸之謂也，故五臟，藏精氣而不瀉，故滿而不能實，六腑傳化物而不藏，故實而不能滿，所以然者，水穀入口，則胃實而腸虛，食下則腸實而胃虛，故曰實而不能滿，滿而不能實也，難經曰，呼出心與肺，吸入腎與肝，呼吸之間，脾受穀味，言心肺在上爲陽，肝腎在下爲陰，脾居中州，而播敷四臟，以爲一身之邇幹，故根本固，則枝葉繁盛，根本枯，則枝葉凋零，如營養之良否，心神安否，以及健康狀態，察其面色，不難知大概，疾病色者，除氣節與營養正色外，即爲病理之徵，例如氣節色，應主青者現赤，營養色，應主明潤者現隱滯，皆是病的現象，古相法曰，春季鼻最忌青，醫書曰，青主驚風怔悸之疾，古相法曰，夏季鼻忌年壽犯赤，山根青黑主災厄，醫書曰，年壽赤，主濃血之疾，山根黑，主痢疾，山根赤黑，主肚瀉，山根黄，主霍亂，古相法曰，秋季忌天中白色，醫書曰，白則足衰，古相法曰，冬季忌天庭發黑，醫書曰，天庭黑，主肝疾，又曰唇際犯赤主虛，頰赤主傷寒，諸如此類，可知氣者，色之苗，故疾病色，又非從醫學研究，不能得詳細之觀察也

第十一章 紋，痣，痕

一，紋

紋之表現，有兩種原因，一者由於自然現象，一者由於生理變化，前者因人之皮膚有厚薄硬柔之差，如在掌蹠等處者則硬厚，在腹股等處者則皺軟，在面頸等處者則柔嫩，其理如厚薄之紙，厚紙雖有折皺不顯，薄紙稍有折皺則彰，此屬於自然現象，又人當兒童之時，面部原無皺紋，漸次長大，因生理起種種自然變化，始有皺紋，綜別之，約分左記三種。

(一)因血行之良否表現者，
(二)因筋肉之活動表現者，
(三)因疾病之衰頹表現者，

壽星紋

第一項之紋，因血行順暢或不順暢而成，順暢者，營養良好，身體強，表現之紋順且長，古相法，所謂壽星紋，及法令紋，

喜筋

怒筋

均爲血行良好身體健康之徵，血行不順暢者，營養不良，身體弱，表現之紋，亂而短，衰老之紋，亦屬於此類也。

第二項之紋，因筋肉過分活動而成，蓋面部有隨意筋，隨知感而收縮舒伸，倘過分活動，久而久之，成一種習慣的皺紋，如喜樂時，頰部筋動，哀怒時，眼部筋動，煩厭及勞動時，鼻部筋動，以及皺眉，飛眼，歪嘴，冷笑等等，均筋爲之也，故生活愈快，無所用其心者，面部少紋，生活勞苦者，額部多直紋，用心過度者，額部多散亂橫紋，前者由於鼻筋動，後者由於額筋動也，

第三項之紋因長久疾病之衰頹而成，蓋由於生理突起變化，血行枯乾，筋肉

萎縮而表現，本以上之理，如淫慾，險詐，狡猾，險毒種種，皆依面部隨意筋之活動，有所表現也．細心考察，不難推求，

哀筋

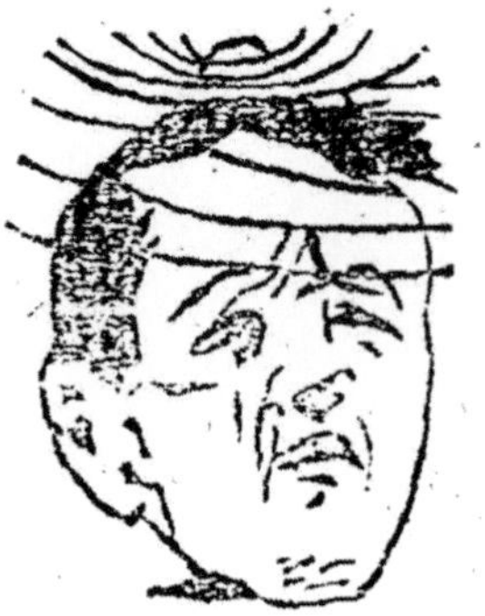

樂筋

二，痣

痣者，由於血行障碍之故．故血行順暢者少痣．血行遲滯者，多痣．因血行之有一定，痣之部位亦有一定，如左耳有痣，右足亦有痣，頦部有痣，肩膀亦有痣，顴部有痣，腹部亦有痣，鼻部有痣，陰部亦有痣，所以江湖相家，每見面部之痣，出言即指出體部之痣，以堅人之信仰，實則凡不在部位之痣．無關大體，在部位之痣，因血行關係，又多少可供推察，例如山根有痣，應喚起四十一

識，須加以注意也。

三，痕

所謂痕疖者，指後天之創傷而言，輕創無關係，重創而在部位者，因生理上預受損傷，以致波及腦筋之作用，發生障碍，例如破碗落地，雖未破碎，而因此撞擊，致生裂痕，實則此碗，在以後用之何年何月何日，必循此裂痕而破，已有定數矣 面部後天創痕，亦如此理，即重創之處，因預受損傷，到一定年齡，則此部腦性理機能，發生障碍，應如此想者，不如此想，應如此爲者，不如此爲。吾人恒見友人，平日對家庭，素極溫和者，突然一變性氣暴燥，覺妻可嫌如敝屣，慈母可冷如路人，試問婦女見識有限，慈母賢妻。遭此痛苦，以致悲觀人生，求於一死，釀成家庭之大變矣，察己推人，皆應如此注意也，

第十二章　遺傳與環境

黃種人之子孫，仍是黃種人，白種人之子孫，仍是白種人，犬貓之子必犬貓，人之子自非禽獸，倘依理推之 則善人之子無惡人，健康之父母無病兒也，然暫假

之子有舜，孔子之子非孔子，是又惡人非必生惡子，善人非必生善子，甚至佛家有因果論，儒者爲天道是非之說，實則人之心性複雜，環境複雜，所謂一生之中，依自力及他力，有種種變化，所以每每人五十歲前後之心性形體相較，不啻前後爲兩人，反之試觀禽獸之遺傳，因其心性單純，遺傳亦單純，且一生之中，因無他力之雜入，心性終能單純如初，故吾人一見鴉仍爲鴉，犬仍爲犬，形體幷無老少異別之分，雌雄牡牝，亦多似類似無差，人則如上所述，則不然，因心性遺傳及後天環境，善人可變惡人，惡人可變善人，故遺傳，胎敎，父母敎，社會敎等，均有相聯之關係，倘先天不良，後天環境又不良，則此種人，終必惡化墮落，參照左表，可推知惡人之所由矣，

〔甲〕先天的原因來自遺傳者

一，父母之敎育，年齡，職業思想相差過大者，

二，父母之體質心性不良，

三，胎敎之不良，

四，受胎當時父母之心理及心理狀態不健全，

（乙）後天的原因來自境遇者

一，家庭不和或貧困．
二，幼時頭腦之罹外傷及患腦疾者，
三，學校教育不良．
四，政治．風俗，習慣及社會教育不良，
五，交友之惡感化．

乙項所列，亦即後天環境，在幼時意志薄弱之年，要有賢父兄與慈母之教，長時要有良師益友，與善良社會之教，成年後，意志漸次鞏固，依其所學，擇業而從焉，以論擇業．又有兩種根基吾人應注意者，生於士之家，生於農之家，生於工之家，生於之商家，是爲出生的根基，與日或從業於士，或從業於農，或從業於工，或從業於商，是爲事業的根基．古代多重出生的根基，父爲官，欲其子亦爲官，父爲農，欲其子亦爲農．甚至工如泥木匠者，其子孫仍代代從業於泥木匠也，蓋古人重保守與因襲，竟至相沿成習，良可喟然，然人生平等，將細無權

八八

，古代因襲的傳統思想，既非通達之道，則吾人又不能不轉注意於事業的根基，故教養子女，尤應察其性，施以性近之教，擇從所教之業，果則機會到來，如舟之涉川，一帆風順到彼岸也，反之不察其性，施以性遠之教，擇從所教之業，雖遇良機，猶是困頓坎坷，所以不可不愼於始，事業之發軔如此，故併論列焉，

附 手相

手相自古雖有創明，亦惜年代久遠，失其所以然，卽如指紋，在我國亦創明最早，恆見三十年前之軍隊花名冊，每於籍貫身長等記載之下，必書列左斗無，或右斗無之附記，所謂斗者，卽指箕斗紋之有無，以資識別個人之異同也，至以拇指代印章之用，今日習慣上猶沿用之，須知紋爲手指相之一部，研究手相，須先明頭腦與手之關係，人直立，草木亦直立，但人之命根在上，草木之命根在下，人與草木，形如倒置，人傷腦則死，草木傷根則死，故手足實爲人之枝葉，枝幹爲草木之枝葉，本此原理，根强，其枝葉未有不繁茂也，根弱，其枝葉未有不萎枯也，故顏面爲心性之表徵機關，手亦爲心性之表徵機關，茲爲便於說明起見，區分手之分類手掌及手指之三點，列述於後，

一，手之分類

手爲心性表徵機關，一如其顏面，已如前述，其分類亦可綜分三種如左，

(一)神經手，此類手細長，由於神經質之本源，主多智，感覺靈敏，不適於

勞力，性近於文學，美術，思想，技術等，

（二）筋骨手，此類手，筋骨均等發育，由於瞻汁質之本源，主剛勇，動止謹嚴，適於勞力，性近於任勞，冒險，勞動等．

（三）營養手，此類手，肥短多肉，由於營養質之本源，主仁厚，性情溫和，富於忍耐，性近於慈善，理財，以及商業等，

一，手掌

手掌最要者，在察看掌紋，掌紋之重要幹線有三．古相書掌之三紋，（如後圖）稱天紋，人紋，地紋，天紋主父母及初年，人紋主自己及中年，地紋主妻子婢僕及晚年，依生理及性理的研究，得區分爲心情，智能，生命，三線，茲更分述其大要如後

（一）心情線，關動於腦之前頭葉，仁惠及正義等高尙性情中樞，坐於是焉，依紋之美惡精粗等，可斷其心情如何，蓋紋理之發生，由於運動神經之作用，故紋理之美惡精粗大加長短多寡，可察知各神經之比例優劣，從

而可推知腦中樞之運動感覺及營養等之發達如何也，

（二）智能線，關係於腦之顱頂葉及上額部，生理上，所謂運動神經中樞部、

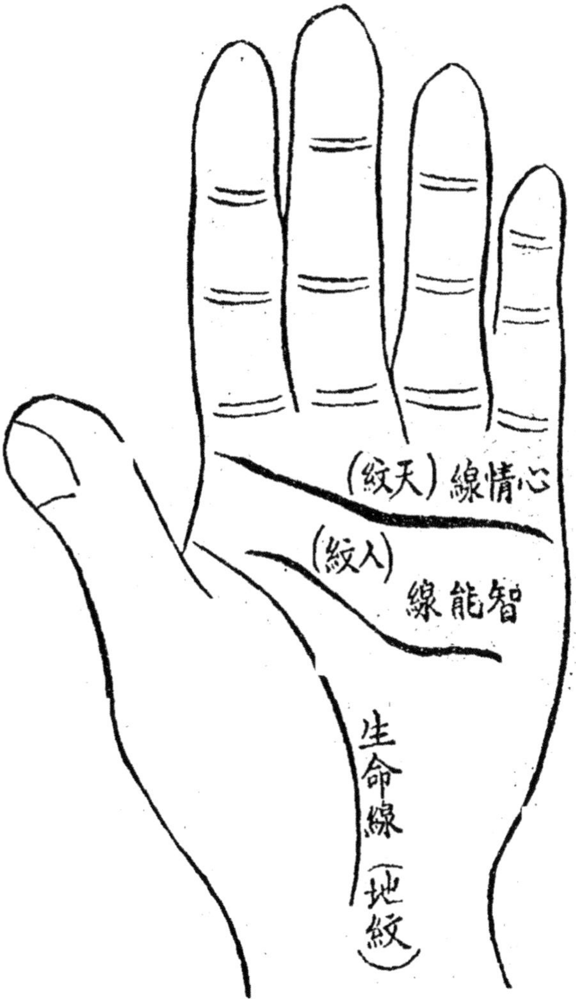

如強硬，自尊，獨立等性能，坐於是焉，依紋之精粗深淺，可斷其意力如何，智能線橫斷如水平者，優於數學的智能，傾曲向手側背者，優於美術的智能，前者因數學及物理

科學方面之腦性能，在下顳顬及中前頭廻轉，後者因美術及文學方面之腦性能，在中前頭迴轉，故賦有天才或有才能者，絕無短促貧弱之智能線也，

（三）生命線，關係於腦之顳顬葉及後頭葉，嗜慾及愛情等性能，坐於是焉、生命線細長連續爲一線者，必健康長命，反之必多疾病，然本線與他線交义，或成網狀，或中途切斷，又可表徵疾病之種類，及程度之如何，然則疾病何以表徵於生命線上者，因撓骨動脈及中神經，通過於手掌，而達於各指，凡人生病，未有不影響於血液及神經者，健康者之撓骨動脈及中神經，有一定之規則，病弱者則起變徵，生命線，乃在此撓骨動脈及中神經之皮膚之上，撓骨動脈及中神經如有變化，細心診察，生命線必有異狀之表徵，醫者診視嬰兒疾病，往往不摶脈而視手或爪者，亦即本於此理，須知人病，雖其機能之一部起變化，實影響於全體，不能步行，不能讀書，不能安眠，故手相乃分担變化之一部分，惟憑常識，

不知其有變化之表徵而已，譬無土中淺埋之樹木，上被有泥土，一見固不知其根之有變化，但富有專門知識者，細察土之狀態，可知其根之伸縮及榮枯也，

三，手指

指爲手之一部，指之紋，以各人不同，及終身不變之二大原則，今日採用於行政司法，以及社會方面各種應用，毋待贅述，茲將指與心性之大體關係，更分述於後．

(一)拇指及小指，拇指及小指，關係於腦之全部，拇指或小指短小，皆爲大腦小腦發達不足之徵，(外因除外，)故拇指有缺陷，兩耳，口唇，眉鼻，皆同有缺陷，小指有缺陷，更爲腦發育不足之徵，此種人，不但智力欠缺，亦乏感情，子女無緣，家庭不良，猶意中事也，

(二)中指，中指關係於顱頂葉，有强硬性之表徵，故中指强而直者，意志必堅決，弱而不直者，意志必薄弱，且非健康者，

（三）無名指，無名指關係於後頭葉，有愛情性之表徵，故無名指秀直而健全，同時連帶關係上，眼部之淚堂奸門無異狀者，夫婦子女之緣必佳，反之，短小歪曲者，爲有變態之表徵，其所謂家庭之愛，亦必發生變態，

（四）人指，人指關係於前頭葉，有關係於智力之表徵，故人指端直無缺陷者，如觀察，記憶，反省，直覺之智力作用，必旺盛，反之，乏智慮，意思不澈底，終爲失敗之人，

勘誤表

頁數	行數	誤	止
一	三	月而暈風	月暈而風
四	一	筋肉	筋肉
七	六	一	三
十一	一	全徵	全之徵
十九	九	色容	包容
二十	六	智則	智人則
二十二	四	形壯	形狀
三十八	四	大地	天地
六十三	十一	第一章	第一節
七十	九	壽山	壽上
七十四	六	得手	得乎
七十四	七	爲貧	爲貨

中華民國二十四年二月初版　非賣品

著者　山陰余晉龢

刊印者　北平市政府公安局印刷所

發行者

編號	書名	作者	說明
占筮類			
1	擲地金聲搜精秘訣	心一堂編	沈氏研易樓藏稀見易占秘鈔本
2	卜易拆字秘傳百日通	心一堂編	
3	易占陽宅六十四卦秘斷	心一堂編	火珠林占陽宅風水秘鈔本
星命類			
4	斗數宣微	【民國】王裁珊	民初最重要斗數著述之一；未刪改本
5	斗數觀測錄	【民國】王裁珊	失傳民初斗數重要著作
6	《地星會源》《斗數綱要》合刊	心一堂編	失傳的第三種飛星斗數
7	《斗數秘鈔》《紫微斗數之捷徑》合刊	心一堂編	珍稀「紫微斗數」舊鈔秘本
8	斗數演例	心一堂編	
9	紫微斗數全書（清初刻原本）	題【宋】陳希夷	斗數全書本來面目；有別於錯誤極多的坊本
10－12	鐵板神數（清刻足本）——附秘鈔密碼表	題【宋】邵雍	無錯漏原版　秘鈔密碼表　首次公開！
13－15	蠢子數纏度	題【宋】邵雍	蠢子數連密碼表　打破數百年秘傳　首次公開！
16－19	皇極數	題【宋】邵雍	清鈔孤本附起例及完整密碼表　研究神數必讀！
20－21	邵夫子先天神數	題【宋】邵雍	附手鈔密碼表　研究神數必讀！
22	八刻分經定數（密碼表）	題【宋】邵雍	皇極數另一版本；附手鈔密碼表
23	新命理探原	【民國】袁樹珊	子平命理必讀教科書！
24－25	袁氏命譜	【民國】袁樹珊	
26	韋氏命學講義	【民國】韋千里	民初二大命理家南袁北韋　北韋之命理經典
27	千里命稿	【民國】韋千里	
28	精選命理約言	【民國】韋千里	
29	滴天髓闡微——附李雨田命理初學捷徑	【民國】袁樹珊、李雨田	命理經典未刪改足本
30	段氏白話命學綱要	【民國】段方	民初命理經典最淺白易懂
31	命理用神精華	【民國】王心田	學命理者之寶鏡

32	命學探驪集	【民國】張巢雲	發前人所未發　稀見民初子平命理著作
33	澹園命談	【民國】高澹園	
34	算命一讀通——鴻福齊天	【民國】不空居士、覺先居士合纂	
35	子平玄理	【民國】施惕君	
36	星命風水秘傳百日通	心一堂編	
37	命理大四字金前定	題【晉】鬼谷子王詡	源自元代算命術
38	命理斷語義理源深	心一堂編	稀見清代批命斷語及活套
39-40	文武星案	【明】陸位	失傳四百年《張果星宗》姊妹篇　千多星盤命例　研究命學必備
相術類			
41	新相人學講義	【民國】楊叔和	失傳民初白話文相術書
42	手相學淺說	【民國】黃龍	民初中西結合手相學經典
43	大清相法	心一堂編	重現失傳經典相書
44	相法易知	心一堂編	
45	相法秘傳百日通	心一堂編	
堪輿類			
46	靈城精義箋	【清】沈竹礽	沈氏玄空遺珍　玄空風水必讀
47	地理辨正抉要	【清】沈竹礽	
48	《玄空古義四種通釋》《地理疑義答問》合刊	沈瓞民	
49	《沈氏玄空吹虀室雜存》《玄空捷訣》合刊	【民國】申聽禪	
50	漢鏡齋堪輿小識	【民國】查國珍、沈瓞民	失傳已久的無常派玄空經典
51	堪輿一覽	【清】孫竹田	
52	章仲山挨星秘訣（修定版）	【清】章仲山	章仲山無常派玄空珍秘　門內秘本首次公開　沈竹礽等大師尋覓一生未得之珍本！
53	臨穴指南	【清】章仲山	
54	章仲山宅案附無常派玄空秘要	心一堂編	
55	地理辨正補	【清】朱小鶴	玄空六派蘇州派代表作
56	陽宅覺元氏新書	【清】元祝垚	簡易・有效・神驗之玄空陽宅法
57	地學鐵骨秘　附　吳師青藏命理大易數	【民國】吳師青	釋玄空廣東派地學之秘
58-61	四秘全書十二種（清刻原本）	【清】尹一勺	玄空湘楚派經典本來面目　有別於錯誤極多的坊本

62	地理辨正補註　附 元空秘旨　天元五歌　玄空精髓　心法秘訣等數種合刊	【民國】胡仲言	貫通易理、巒頭、三元、三合、天星、中醫
63	地理辨正自解	【清】李思白	公開玄空家「分率尺、工部尺、量天尺」之秘
64	許氏地理辨正釋義	【民國】許錦灝	民國易學名家黃元炳力薦
65	地理辨正天玉經內傳要訣圖解	【清】程懷榮	秘訣一語道破，圖文并茂
66	謝氏地理書	【民國】謝復	玄空體用兼備、深入淺出
67	論山水元運易理斷驗、三元氣運說附紫白訣等五種合刊	【宋】吳景鸞等	失傳古本《玄空秘旨》《紫白訣》
68	星卦奧義圖訣	【清】施安仁	
69	三元地學秘傳	【清】何文源	
70	三元玄空挨星四十八局圖說	心一堂編	三元玄空門內秘笈　清鈔孤本 過去均為必須守秘不能公開秘密 與今天流行飛星法不同
71	三元挨星秘訣仙傳	心一堂編	
72	三元地理正傳	心一堂編	
73	三元天心正運	心一堂編	
74	元空紫白陽宅秘旨	心一堂編	
75	玄空挨星秘圖　附 堪輿指迷	心一堂編	
76	姚氏地理辨正圖說　附 地理九星并挨星真訣全圖　秘傳河圖精義等數種合刊	【清】姚文田等	蓮池心法　玄空六法 門內秘鈔本首次公開
77	元空法鑑批點本——附 法鑑口授訣要、秘傳玄空三鑑奧義匯鈔　合刊	【清】曾懷玉等	
78	元空法鑑心法	【清】曾懷玉等	
79	曾懷玉增批蔣徒傳天玉經補註【新修訂版原（彩）色本】	【清】項木林、曾懷玉	
80	地理學新義	【民國】俞仁宇撰	揭開連城派風水之秘
81	地理辨正揭隱（足本）　附連城派秘鈔口訣	【民國】王邈達	
82	趙連城傳地理秘訣附雪庵和尚字字金	【明】趙連城	
83	趙連城秘傳楊公地理真訣	【明】趙連城	
84	地理法門全書	仗溪子、芝罘子	巒頭風水，內容簡核、深入淺出
85	地理方外別傳	【清】熙齋上人	巒頭形勢、「望氣」「鑑神」
86	地理輯要	【清】余鵬	集地理經典之精要
87	地理秘珍	【清】錫九氏	巒頭、三合天星，圖文並茂
88	《羅經舉要》附《附三合天機秘訣》	【清】賈長吉	清鈔孤本羅經、三合訣法圖解
89-90	嚴陵張九儀增釋地理琢玉斧巒	【清】張九儀	清初三合風水名家張九儀經典清刻原本！

91	地學形勢摘要	心一堂編	形家秘鈔珍本
92	《平洋地理入門》《巒頭圖解》合刊	【清】盧崇台	平洋水法、形家秘本
93	《鑒水極玄經》《秘授水法》合刊	【唐】司馬頭陀、【清】鮑湘襟	千古之秘，不可妄傳匪人
94	平洋地理闡秘	心一堂編	雲間三元平洋形法秘鈔珍本
95	地經圖說	【清】余九皋	形勢理氣、精繪圖文
96	司馬頭陀地鉗	【唐】司馬頭陀	流傳極稀《地鉗》
97	欽天監地理醒世切要辨論	【清】欽天監	公開清代皇室御用風水真本
三式類			
98-99	大六壬尋源二種	【清】張純照	六壬入門、占課指南
100	六壬教科六壬鑰	【民國】蔣問天	由淺入深，首尾悉備
101	壬課總訣	心一堂編	過去術家不外傳的珍稀六壬術秘鈔本
102	六壬秘斷	心一堂編	
103	大六壬類闡	心一堂編	
104	六壬秘笈——韋千里占卜講義	【民國】韋千里	六壬入門必備
105	壬學述古	【民國】曹仁麟	依法占之，「無不神驗」
106	奇門揭要	心一堂編	集「法奇門」、「術奇門」精要
107	奇門行軍要略	【清】劉文瀾	條理清晰、簡明易用
108	奇門大宗直旨	劉毗	天下孤本　首次公開　虛白盧藏本《秘藏遁甲天機》　奇門不傳之秘　應驗如神
109	奇門三奇干支神應	馮繼明	
110	奇門仙機	題【漢】張子房	
111	奇門心法秘纂	題【漢】韓信（淮陰侯）	
112	奇門廬中闡秘	題【三國】諸葛武侯註	
選擇類			
113-114	儀度六壬選日要訣	【清】張九儀	清初三合風水名家張九儀擇日秘傳
115	天元選擇辨正	【清】一園主人	釋蔣大鴻天元選擇法
其他類			
116	述卜筮星相學	【民國】袁樹珊	民初二大命理家南袁北韋
117-120	中國歷代卜人傳	【民國】袁樹珊	南袁之術數經典